…ONS ET EXERCICES

DE

PLAINCHANT

OU

CHANT ECCLÉSIASTIQUE ROMAIN

A L'USAGE

DE TOUS LES DIOCÈSES

« Mihi placet ut, sive in Romanâ, sive in Galliarum, sive in qualibet ecclesiâ, aliquid invenisti quod plus omnipotenti Deo possit placere, sollicitè eligas. » (S. GRÉGOIRE, *Ep*. XXXI.)

CLERMONT-FERRAND,

TYPOGRAPHIE FERDINAND THIBAUD, LIBRAIRE,

Imprimeur de Mgr l'Évêque et du Clergé, rue St-Genès, 8-10.

1866

NOTIONS ET EXERCICES

DE

PLAINCHANT

OU

CHANT ECCLÉSIASTIQUE ROMAIN

A L'USAGE

DE TOUS LES DIOCÈSES

« Mihi placet ut, sive in Romanâ, sive in Galliarum, sive in qualibet ecclesiâ, aliquid invenisti quod plus omnipotenti Deo possit placere, sollicitè eligas. » (S. Grégoire, *Ep*. xxxi.)

CLERMONT-FERRAND,

TYPOGRAPHIE FERDINAND THIBAUD, LIBRAIRE

Imprimeur de Mgr l'Evêque et du Clergé, rue St-Genès

1866

AVERTISSEMENT.

Ce petit ouvrage est offert principalement aux Instituteurs pour leurs élèves, sous le patronage de MM. les Curés.

On y trouvera condensées en quelques pages, les notions nécessaires du Plainchant, suivies d'exercices nombreux, faciles et des plus utiles. Au lieu d'exercices insignifiants, ou d'exemples pris çà et là dans les offices de l'Eglise, nous avons pris pour exercices un recueil assez complet des chants ordinaires de l'Office divin; de sorte que ce livre peut servir à l'école et a l'église; ainsi on y trouvera les Messes ordinai es des Doubles de 1re et de 2e classe, avec deux Messes *ad libi um* de Dumont, et une de Lul'y; la Messe des fêt s de la Sainte Vierge, celles des Dimanches ordinaires selon les temps, la Messe des Morts, avec l'Introït, l'Offertoire et les Répons et Antiennes qui se chantent aux enterrements; en tout 10 ordinaires de Messes; on y trouvera aussi les Proses, le *Te Deum*, 40 airs d'hymnes, les qua're Antiennes, les divers morceaux qui se chantent aux Saluts, et 25 airs de Psaumes.

Ce livre n'étant destiné qu'à ceux qui répondent comme second chœur, c'est le 2e verset des Hymnes que nous avons noté.

Tous les airs d'Hymnes qui se rapportent à une même coupe de vers sont groupés ensemble, et désignés par une même Lettre On peut donc facilement choisir entre les airs de même coupe. Quelques airs *ad libitum* sont proposés, principalement pour les coupes difficiles. Nous appelons l'attention sur les airs mesurés que les fidèles re iennent plus facilement, et qui produisent un grand effet, quand ils sont exécutés par un grand nombre de voix.

Dans les *Gloria*, *Credo*, *Sanctus*, *etc.*, les paroles des deux Chœurs sont en caractères differents, afin qu'on s'y reconnaisse plus facilement : ce qui est en caractères italiques se chante par une seule voix ou par l'orgue.

Pour rendre plus facile l'étude de ce livre, tout a été noté sur deux clés seulement : la *clé d'Ut* 4e ligne, et la *clé de Fa* 3e ligne.

Dans les éditions de lutrin, on laisse au goût et à la science des chanteurs le soin de *diézer* certaines notes ; dans notre petit livre, les notes qui doivent être diézées sont indiquées exactement ; et on pourra s'en servir pour poser les dièzes sur les gros livres.

On voit par ce qui précède, que sous un petit volume, on trouvera ici tout ce qui est nécessaire pour suivre avec intérêt les offices de l'Eglise. Cette brochure peut d'ailleurs se relier avec la plupart des Paroissiens romains, et n'en augmentera guère le prix.

Le Plainchant doit être étudié à l'Ecole ; et un maître intelligent saura en faire à la fois pour ses élèves un exercice utile et agréable. Tous les élèves auront en main un petit livre de Plainchant ; le maître prendra comme exercices les morceaux qui se chantent habituellement à l'Eglise ; le plus ordinairement, les élèves sauront déjà ces airs par cœur ; tant mieux : la grande difficulté, celle de l'intonation, sera déjà vaincue.

Un quart d'heure par jour consacré à la *solmisation* suffira pour mettre les élèves en mesure de suivre avec fruit les offices de l'Eglise, et même de chanter alternativement avec le lutrin.

NOTIONS ET EXERCICES

DE

PLAINCHANT

I. PRÉLIMINAIRES.

Le *Plainchant* est un genre de chant particulier au Culte catholique. Il diffère de la Musique ordinaire par l'*Ecriture*, par le *Rhythme* et par la *Tonalité*.

Le Plainchant est le seul monument qui nous reste de la musique des anciens Grecs. C'est surtout à saint Ambroise, évêque de Milan (IVe siècle), et au pape saint Grégoire-le-Grand (Ve siècle), que l'on doit la constitution du chant ecclésiastique.

Comme la Musique, le Plainchant est basé sur la *Gamme* ordinaire, que tout le monde sait chanter sous les noms *Ut* ou *Do ré mi fa sol la si do*. Ces noms doivent leur origine à Gui d'Arezzo (XIe siècle); il les a pris dans l'hymne de saint Jean-Baptiste: *Ut quœant laxis*.

Tout le monde connait aussi la distinction

des sons *aigus* ou élevés, et des sons *graves* ou bas.

Jusqu'au XIe siècle, les *notes* de la gamme étaient désignées par les lettres A B C D E F G, correspondant aux mots actuels *la si do ré mi fa sol.*

Ces lettres sont encore employées pour désigner quelle est la note qui sert de finale à un morceau de plainchant. Ainsi un morceau *en D* est un morceau qui finit par *ré.* Et ainsi des autres.

Les morceaux de plainchant sont numérotés sous huit catégories, qu'on appelle les *huit tons*, ou mieux les *huit modes* du plainchant. Chaque mode a une tonalité distincte, des tournures propres, des formules mélodiques caractéristiques, surtout dans la terminaison. L'usage et l'attention enseignent promptement ces particularités.

Le moyen le plus simple d'apprendre le Plainchant est de suivre assidûment les offices de l'Eglise, et d'avoir sous les yeux les morceaux qui sont chantés au chœur. C'est pourquoi nous faisons suivre ces notions des *Chants ordinaires de l'Office divin*, *selon le Rit romain*, mais en dehors de toute édition particulière. Ces chants ordinaires diffèrent peu d'un diocèse à un autre.

II. LA GAMME ET SES INTERVALLES.

Il est évident que la gamme (comme tout autre air) peut être établie sur un son quelconque, auquel on donnera le nom de *do*. Cette propriété permet de comparer entre eux les *intervalles* qui séparent les notes de la Gamme, et par suite de mesurer ces intervalles.

LA		MI
SOL		RE
FA	=	DO
MI		SI
RE		LA
DO		SOL

Par exemple, on peut comparer l'air *do ré mi fa sol la*, produit par un premier chanteur, avec l'air *sol la si do ré mi*, produit par un second chanteur, qui s'isole un instant, et prend pour *do* le *fa* du premier. Par cette expérience, intéressante et facile, on constate l'identité parfaite des deux airs, et on en conclut l'égalité respective des intervalles. On dira donc, en allant de la première colonne à la deuxième :

L'intervalle *fa sol* égale *do ré*,
do ré égale *sol la*,
sol la égale *ré mi*,
ré mi égale *la si*.

Donc les cinq intervalles *do ré*, *ré mi*, *fa sol*, *sol la*, et *la si*, sont égaux entre eux. Chacun d'eux est appelé intervalle d'*un ton*.

L'identité des deux airs montre aussi l'égalité des deux intervalles *mi fa* et *si do*. Une deuxième expérience va nous dire ce que sont ces deux intervalles par rapport aux autres.

DO=MI
SI
RE
LA
DO=MI
SOL
RE
FA
MI DO=MI
RE RE
DO............DO

Cette deuxième expérience consiste à descendre du *do* supérieur au *do* inférieur d'une gamme, par trois chutes *mi ré do* superposées.

On conserve le *do* inférieur par un instrument, ou bien par une voix qui s'isole un instant. Et on produit les chutes *mi ré do* au moyen d'un air bien connu commençant par ces trois notes, comme l'air *Salut, aimable et cher asile*, ou *Je l'ai planté, je l'ai vu naître*, lequel air commence ainsi : *mi mi ré do.....*

Quand on a fait les trois chutes *mi ré do*, on compare le dernier *do* obtenu avec le *do* grave primitif, et on trouve ces deux *do* identiques.

On en conclut que l'intervalle *do do*, qu'on nomme *octave*, vaut 3 fois 2 tons ou 6 tons.

Et si, de l'octave *do do*, qui vaut 6 tons, on retranche les 5 intervalles *do ré*, *ré mi*, *fa sol*, *sol la* et *la si*, qui sont chacun d'*un ton*, il restera une valeur d'*un ton* pour les deux autres intervalles *mi fa* et *si do*. Et comme ils sont égaux entre eux, il en résulte que chacun d'eux vaut juste *un demi-ton*.

Bien conduites, ces deux expériences constituent une évaluation vraiment rationelle et scientifique des intervalles musicaux. La première a été indiquée par Pierre Galin vers 1817 ; la deuxième, due à l'auteur de cet opuscule, date de 1855. Leur ensemble amène à conclure que la voix humaine chante naturellement ce qu'on appelle en Physique la *gamme tempérée*.

III. LES SONS INTERMÉDIAIRES.

Outre les sept sons primitifs de la gamme, on fait encore usage de *cinq sons intermédiaires*, qui ont leur place dans les cinq grands intervalles, et qu'on désigne ainsi :

Entre *do* et *ré* : do *dièze* ou ré *bémol*,
Entre *ré* et *mi* : ré *dièze* ou mi *bémol*,
Entre *fa* et *sol* : fa *dièze* ou sol *bémol*,
Entre *sol* et *la* : sol *dièze* ou la *bémol*,
Entre *la* et *si*. la *dièze* ou si *bémol*.

Il est très-important de savoir produire, à partir d'un son quelconque, des intervalles d'*un ton* ou d'*un demi-ton*, soit au-dessus, soit au-dessous de la note. On peut prendre pour types les airs ci-après :

		RÉ		RÉ		RÉ : un ton au-dessous.
Un ton au-dessus :	DO		DO		DO	
		FA		DO		DO : 1/2 ton au-dessous.
1/2 ton au-dessus :	MI		MI		SI	

Pour bien apprendre ces airs, il faut les faire produire par un instrument, ou par une voix exercée.

Toute note *diézée* doit faire avec la note *supérieure* un air pareil à *do si do.*

Toute note *bémolisée* doit faire avec la note *inférieure* un air pareil à *mi fa mi.*

Une note *diézée* tend vers la note *supérieure*, et une note *bémolizée* tend vers la note *inférieure.*

IV. ÉCRITURE DU PLAINCHANT.

Le Plainchant s'écrit ordinairement sur une *portée* de quatre lignes; les *notes* ou signes des sons se placent sur les *lignes* et dans les *interlignes;* une *clé* placée au commencement de la portée donne le nom et la place d'une première note, d'où l'on tire le nom et la place des autres notes.

Sous le rapport du *rhythme*, nous devons dire

que les *durées* des sons ne sont pas soumises à une *mesure* rigoureuse ; toutefois, on emploie dans la *notation* du Plainchant quatre valeurs de notes, savoir :

La note *double*.......... ■■ qui vaut deux notes communes,
La *longue* ou *caudée*...... qui vaut une carrée et demie,
La note *carrée* ou *commune* ■ qui est l'unité ordinaire,
La *brève* ou *losange*...... ◆ qui vaut la moitié d'une carrée.

Ces relations ne sont qu'approximatives. La note *carrée*, qui règle les valeurs, n'exprime pas une durée absolue : le Plainchant s'exécute avec plus ou moins de gravité et de lenteur, suivant le degré de solennité qu'on veut lui donner.

Les *repos* sont indiqués, dans le Plainchant, par des barres qui traversent la portée. On distingue la *petite barre*, la *grande barre* et la *double barre :*

Si plusieurs notes doivent se succéder sur une même syllabe du *texte* ou des paroles, ces notes sont *groupées* sans interruption ; deux notes qui se rapportent à des syllabes différentes ne sont jamais contiguës :

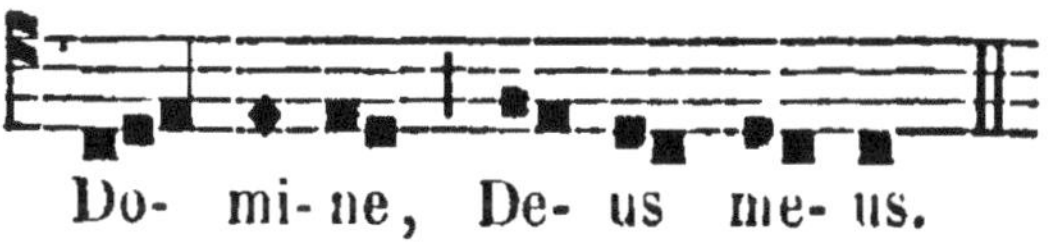

Mais s'il y a un grand nombre de notes sur une

même syllabe, on en fait plusieurs groupes distincts, entre lesquels on fait un repos, lors même qu'il n'y a pas de barre :

Il est d'usage de ralentir le chant, aux deux ou trois dernières notes de chaque morceau, ou même de chaque période importante du morceau.

Si une note doit être diézée ou bémolisée, on place un *dièze* ♯ ou un ♭ devant cette note, ou devant le groupe dont elle fait partie :

Si la note *altérée* se présente plusieurs fois dans le même fragment mélodique, le *signe altératif* (♯ ou ♭) ne se répète pas.

S'il y a un *dièze* ou un *bémol* au commencement de la portée, près de la clé, il agit tout le long du morceau, sur la note et sur son octave, à moins d'indication contraire.

On suspend l'effet du ♯ ou du ♭ placé près de la clé, en plaçant un *bécarre* ♮ devant la note, ou devant le groupe dont elle fait partie. On dit alors que la note redevient *naturelle*.

Les *dièzes* sont omis bien à tort dans la plupart des éditions de plainchant; il est de bonne tradition de les faire aux endroits que nous marquons ci-après dans nos exercices. Le FA se dièze ordinairement entre deux *sol*, le DO entre deux *ré*, et le SOL entre deux *la*, si un repos suit immédiatement.

Lorsqu'une idée mélodique ne finit pas avec la ligne, on place à la fin de cette ligne un *guidon* qui ne compte pas comme note, et qui indique par quelle note commence la ligne suivante.

V. EXÉCUTION DU PLAINCHANT.

Dans l'exécution du Plainchant, on ne doit jamais marteler les notes, mais les faire succéder doucement et avec grâce.

Le Plainchant doit toujours être chanté avec la gravité qui convient au culte divin. On chante plus lentement aux fêtes solennelles, plus rapidement aux jours ordinaires. Les *Introïts* et les *Offertoires* se chantent plus lentement que les autres morceaux.

Dans la plupart des cas, on obtient un effet plus riche en faisant alterner une voix seule avec un chœur. Cela se fait ordinairement au *Credo*, au graduel, au 5e psaume des Vêpres, etc.

L'orgue alterne avec le chœur au *Kyrie*, au *Glo-*

ria in excelsis, à la Prose, au *Sanctus* et à l'*Agnus*, à l'Hymne et au *Magnificat*, à la grande Antienne qui suit les Vêpres, au *Te Deum*, etc. S'il n'y a pas d'orgue, c'est une voix seule qui le remplace. L'orgue joue aussi le *Benedicamus* des Vêpres ; il répond à l'*Ite, missa est* ; il joue à l'Offertoire, à l'entrée et à la sortie des offices, etc. En tout cela, il y a quelques variétés d'un lieu à un autre.

Les chantres et les organistes doivent toujours penser au sens des paroles qu'ils sont chargés d'interpréter.

Le maître de chœur doit s'exercer soigneusement à entonner avec justesse et assurance les divers morceaux de Plainchant. Voici deux formules qu'on peut apprendre de mémoire, et qui pourront être d'un grand secours :

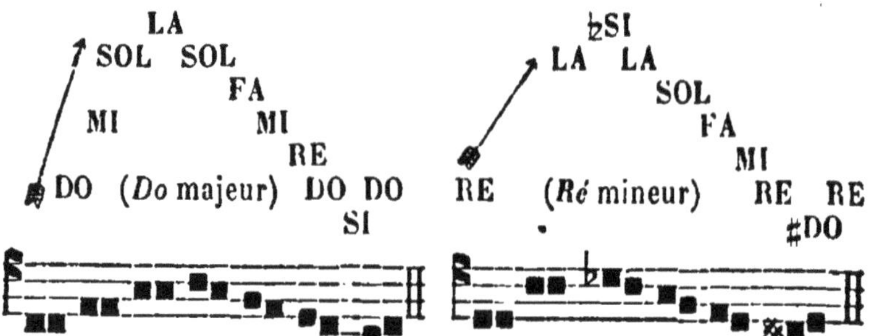

La première formule pourra être employée pour se diriger dans l'intonation des morceaux qui commencent par l'une des notes *do, mi, sol ;*

et la seconde formule pour les morceaux qui commencent par l'une des notes *ré, fa, la.*

VI. DES CLÉS USITÉES.

Dans les exercices ci-après, deux clés seulement seront employées, savoir : la *clé de fa* 3e ligne pour les morceaux du 2e mode, du 3e et du 7e; et la *clé d'ut* 4e ligne pour les autres modes.

Nous mettrons toujours un *si* ♭ à la clé, pour le premier mode, le 2e, le 3e, le 6e et le 7e.

Voici donc l'aspect comparé des *clés* et des *armures* pour les huit modes; nous y joignons les notes extrêmes entre lesquelles chaque morceau se renferme ordinairement, et la note qui sert invariablement de *finale.*

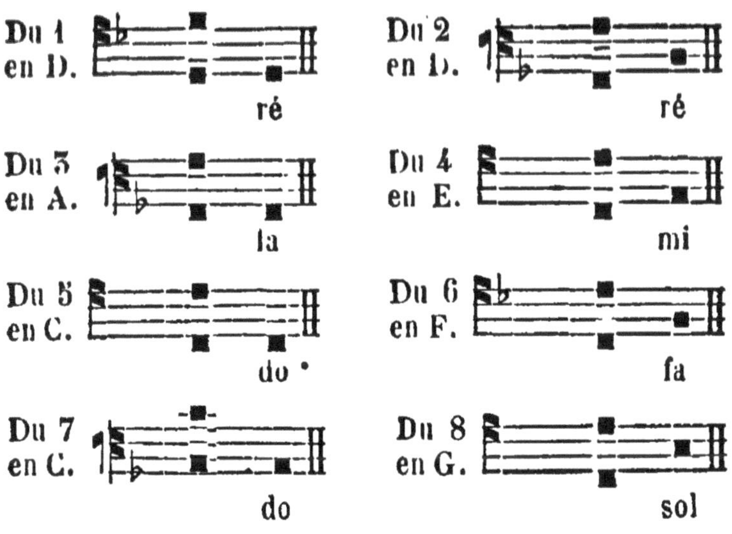

Dans les livres ordinaires de Plainchant, on trouve souvent la *clé d'ut* 3e ligne, et quelquefois la *clé d'ut* 2e ligne. On lira facilement d'après ces clés. Mais on pourra aussi mentalement transformer ces *clés d'ut* en *clés de fa* avec un *si* ♭ qu'on supposera à la clé ; on rentrera ainsi dans les deux cas qui sont adoptés dans cet opuscule. On pourra alors rencontrer des morceaux du 5e mode commençant par un *si* ♭ ; on pourra s'y dresser par la formule

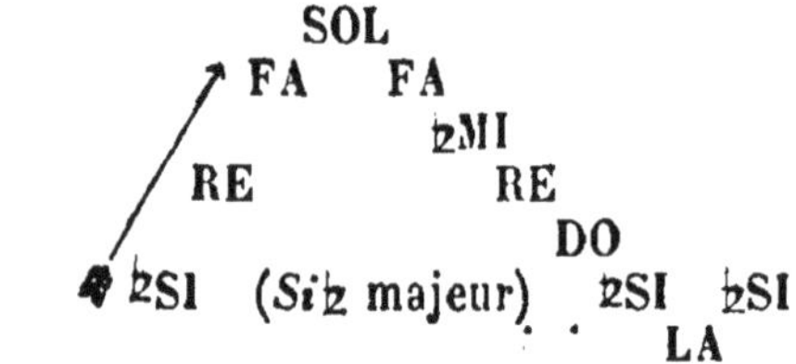

Cette formule donne le même air que celle que nous avons donnée plus haut sous la marque (Do majeur).

CHANTS ORDINAIRES

DE

L'OFFICE DIVIN.

N° 1. — MESSE ORDINAIRE DES DOUBLES.

mus te. Gra-ti-as a gimus ti-bi propter mag-

nam glo- ri am tu-am. *Domine De-us, Rex cœles-*

tis, De- us Pa- ter omni- potens. Domine, .

Fi- li uni-ge- ni- te, Je- su Chris- te.

Domine De- us, Agnus De-i, Fi- li- us Pa- tris. Qui

tol-lis pecca-ta mundi, mise- re- re no-bis. *Qui tol-*

lis peccata mundi, sus- cipe depreca-ti- o- nem nos-

tram. Qui se-des ad dexteram a-tris, mise re- re no-

bis. *Quoni am tu solus Sanctus.* Tu so- lus Domi-

nus. *Tu solus Altis- si mus Je- su Chris- te.*

Cum sanc- to Spi- ritu, in glo-ri- a De-i
Pa- tris. *A- men.*
Credo, p. 45.
Du 8 en G.
Sanc- tus. Sanc- tus. *Sanc- tus*
Dominus De-us Sa- ba oth. Pleni sunt cœli et ter-
ra glo- ri- a tu- a. Ho- san-na in ex-
cel- sis. *Benedictus qui ve-nit in no-*
mine Do- mini. Ho- san-na in
ex- cel- sis.
Du 6 en F.
Ag- nus De- i, qui tol- lis pecca- ta mun-
di, mi-se-re- re no- bis. Agnus De-i qui tol-

Le 3e *Agnus*, comme le 1er, sauf les dernières paroles : *Dona nobis pacem.*

No 2. — MESSE ROYALE,

Par Henri Dumont, maître de chapelle du roi Louis XIV, mort à Paris en 1684.

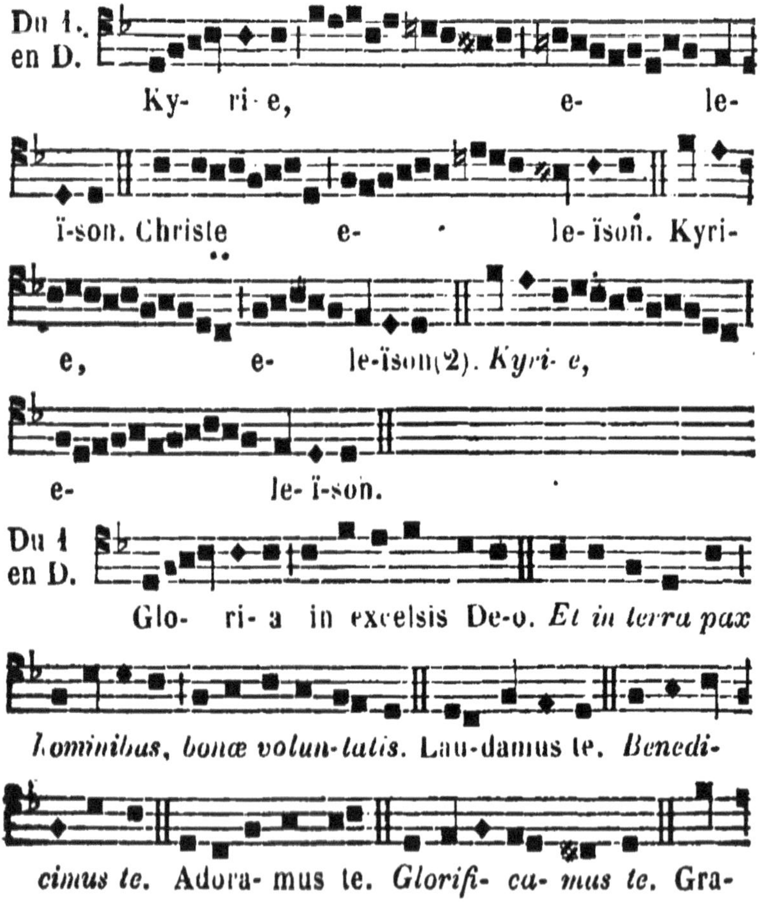

Du 1. en D.

Ky- ri- e, e- le-

ï-son. Christe e- le-ïson. Kyri-

e, e- le-ïson(2). *Kyri- e,*

e- le- ï-son.

Du 1 en D.

Glo- ri- a in excelsis De-o. *Et in terra pax*

hominibus, bonæ volun-tatis. Lau-damus te. *Benedi-*

cimus te. Adora- mus te. *Glorifi- ca- mus te.* Gra-

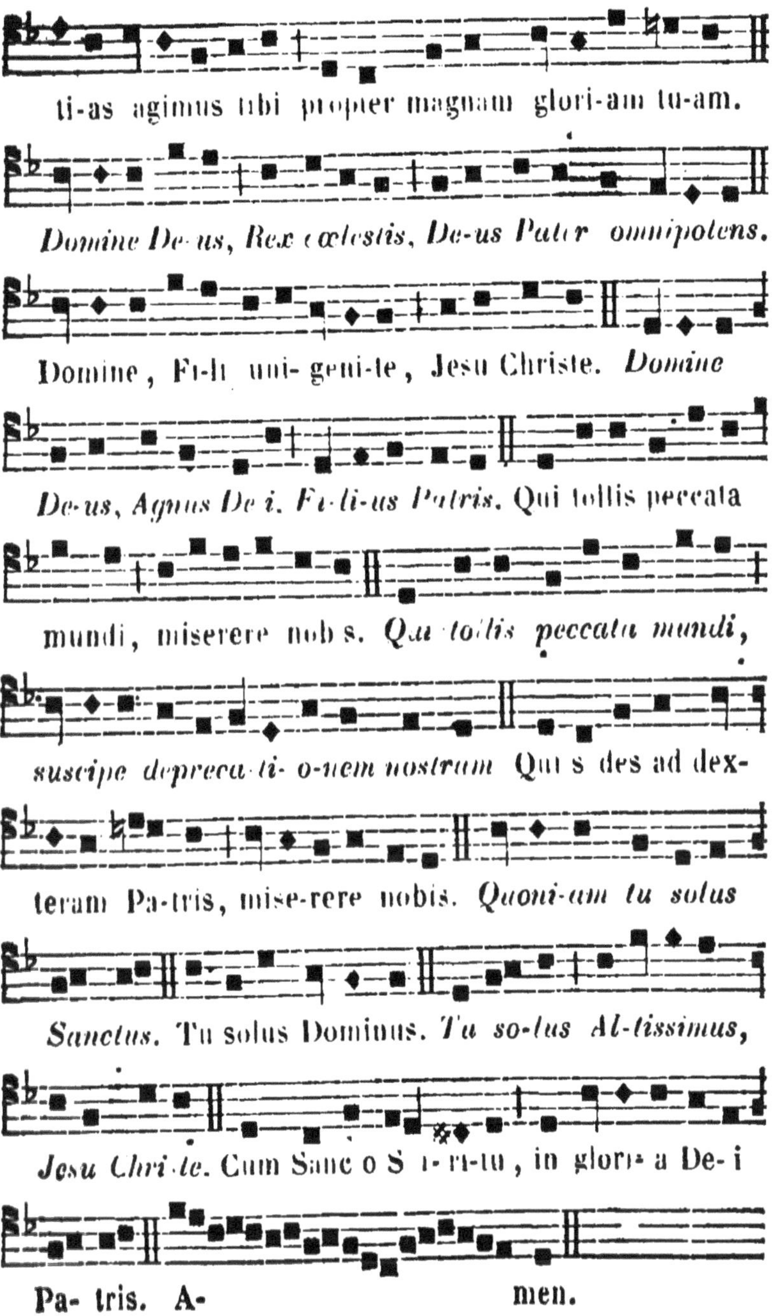
ti-as agimus tibi propter magnam glori-am tu-am.
Domine De-us, Rex cœlestis, De-us Pater omnipotens.
Domine, Fi-li uni-geni-te, Jesu Christe. Domine
De-us, Agnus De-i. Fi-li-us Patris. Qui tollis peccata
mundi, miserere nobis. Qui tollis peccata mundi,
suscipe depreca-ti- o-nem nostram Qui s des ad dex-
teram Pa-tris, mise-rere nobis. Quoni-am tu solus
Sanctus. Tu solus Dominus. Tu so-lus Al-tissimus,
Jesu Chri-te. Cum Sanc o S i-ri-tu, in glori a De-i
Pa- tris. A- men.

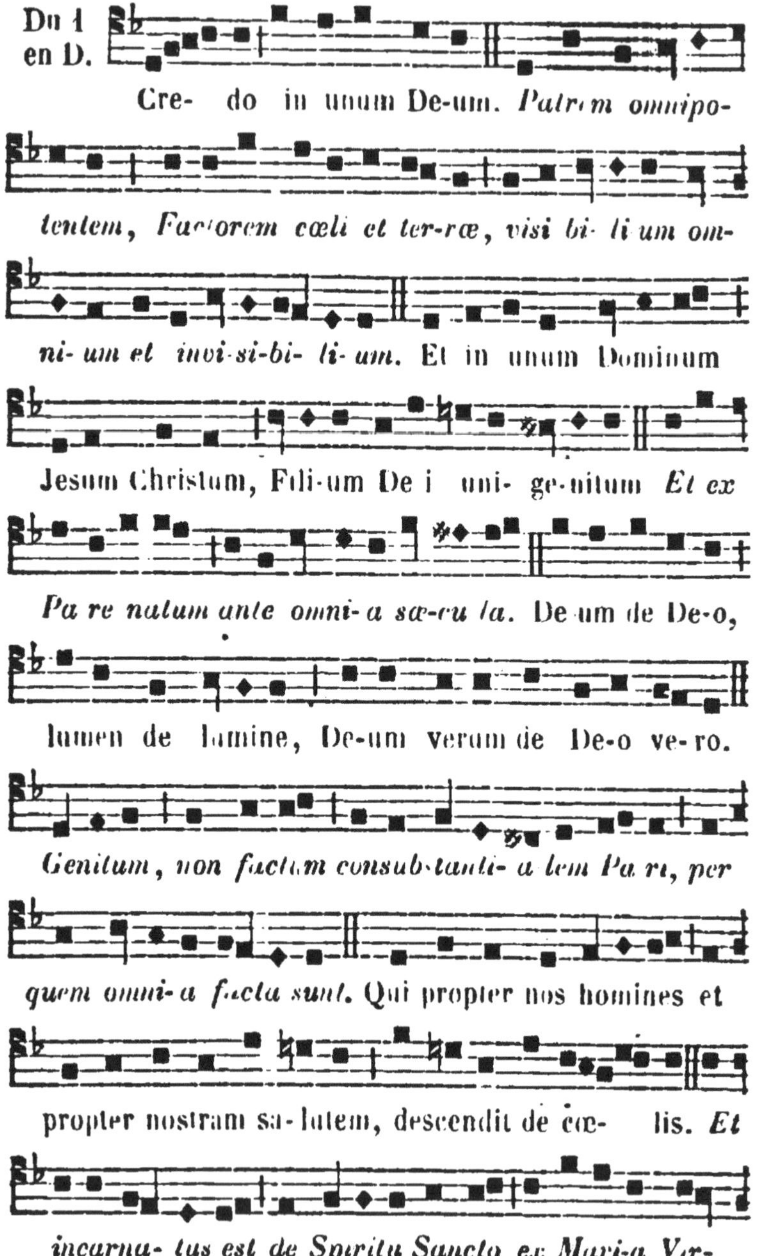
Du 1
en D.
Cre- do in unum De-um. *Patrem omnipo-*
tentem, Factorem cœli et ter-ræ, visi bi- li um om-
ni- um et invi-si-bi- li- um. Et in unum Dominum
Jesum Christum, Fili-um De i uni- ge-nitum *Et ex*
Pa re natum ante omni-a sæ-cu la. De um de De-o,
lumen de lumine, De-um verum de De-o ve-ro.
Genitum, non factum consubstanti- a lem Pa tri, per
quem omni-a facta sunt. Qui propter nos homines et
propter nostram sa- lutem, descendit de cœ- lis. *Et*
incarnatus est de Spiritu Sancto ex Mari-a Vir-

Lento.
gine, et Homo Factus est. Crucifi xus eti-am pro nobis
sub Ponti-o Pi-la- to, passus et sepul- tus est. Et resurrexit terti-a di- e, secundum scriptu-ras Et ascendit in Cœlum, sedet ad dexteram Pa- tris. Et i-te-
rum venturus est cum glori- a ju-di-care vivos et mortu-os, cujus regni non erit fi nis Et in Spiritum Sanctum Domi- num et vi- vi fi- can- tem, qui ex Patre
Fi-li-oque proce-dit Qui cum Patre et Fi- li- o
simul a- do- ra- tur et conglori fi-catur. qui lo-
cu- tus est per prophe- tas. Et Unam, Sanctam, Ca-

'tho-licam, et Aposto-licam Eccle- si-am. *Confite-or*

unum baptisma, in remissi- onem peccato-rum Et ex-

pecto re-surrec ti- o- nem mortu-o- rum *Et vitam*

ventu-ri sæcu-li. A- men.

Du 1
en D.

Sanc- tus. Sanc- tus. *Sanc- tus,*

Dominus Deus Sabaoth Pleni sunt cœli et terra glo-

ri-a tu- a. Hosanna in excelsis. *Benedictus qui venit*

in nomine Domini. Hosanna in excelsis.

Du 1
en D.

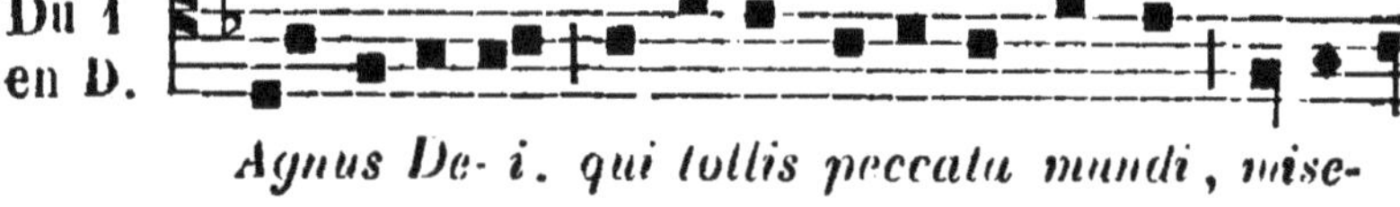

Agnus De- i. qui tollis peccata mundi, mise-

re- re nobis. Agnus De-i, qui tollis peccata mundi,

Le 3e *Agnus*, comme le 1er, sauf les dernières paroles : *Dona nobis pacem.*

misere-re no- bis.

No 3. — MESSE IMPÉRIALE.

Par J.-B. LULLY, musicien du roi Louis XIV, mort à Paris en 1687.

glori- am tu-am. Domine De-us, Rex cœlestis. De-us Pa-
ter omni- potens. Domine, Fi-li unigeni-te, Je- su
Christe. Domine De-us, Agnus De-i, Fi-li-us Patris.
Qui tol-lis peccata mundi, mi-sere- re no-bis. Qui
tol- lis peccata mundi, sus- cipe depreca- ti-
o- nem nostram. Qui sedes ad dexteram Patris,
misere-re no- bis. Quoni am tu solus Sanctus. Tu
solus Dominus. Tu solus Altissimus, Je- su Christe.
Cum Sancto Spi ritu in glo- ri- a De-i Patris. A- men.

Du 6 en F.
Cre- do in unum De-um. Pat em omnipotentem,
factorem cœ-li et terræ, visi bili- um omni- um et
invi- si-bi- li-um. Et in unum Dominum Jesum Christum Fili- um De-i u- nige- nitum. Et ex Patre natum a te omni-a sæcula. De-um de De-o, lumen de
lumine, De-um verum de De-o ve-ro. Genitum non
factum consubstanti-alem Patri, per quem omni-a facta sunt. Qui propter nos homines et propter nostram
salu tem descen- dit de cœlis. Et incarnatus est
de Spiritu Sancto, ex Mari- a Vir- gi-ne, et Homo

fac-tus est. Crucifixus e-ti-am pro no bis sub Ponti-o
Pilato, passus et sepultus est. Et re-surre- xit terti-a di-e. secundum Scripturas. Et ascendit in cœlum, sedet a dexteram Pa- tris. Et ite-rum ventu- rus
est cum glori a judica-re vivos et mortu-os, cujus
regni non erit fi- nis. Et in Spiritum Sanctum Dominum, et vivi-ficantem, qui ex Patre Fili-oque proce-dit.
Qui cum Patre et Fi- li- o simul a- do- ra- tur, et
cong ori-fica-tur, qui locu- tus est per prophetas. Et Unam, Sanctam, Catholicam, et Aposto- licam

Ecc'le-si-am. *Confite- or unum Baptisma in remi si-o-*
nem pecca- to- rum. Et expecto resurrecti-onem mor-
tu- o- rum. *Et vi- tam ventu- ri sæ-*
culi. A- men.
Du 6 en F.
Sanc- tus. Sanc- tus.
Sanc- tus Domi-nus De-us Sa-
ba-oth. Ple- ni sunt cœli et ter- ra glo- ri- a
tu- a : Hosan- na in excel- sis.
Bene- dic- tus qui ve- nit in no- mine Do-
mi-ni. Hosan- na in excel- sis.

No 4. — MESSE ANGÉLIQUE.

Pour les Doubles de 2e classe.

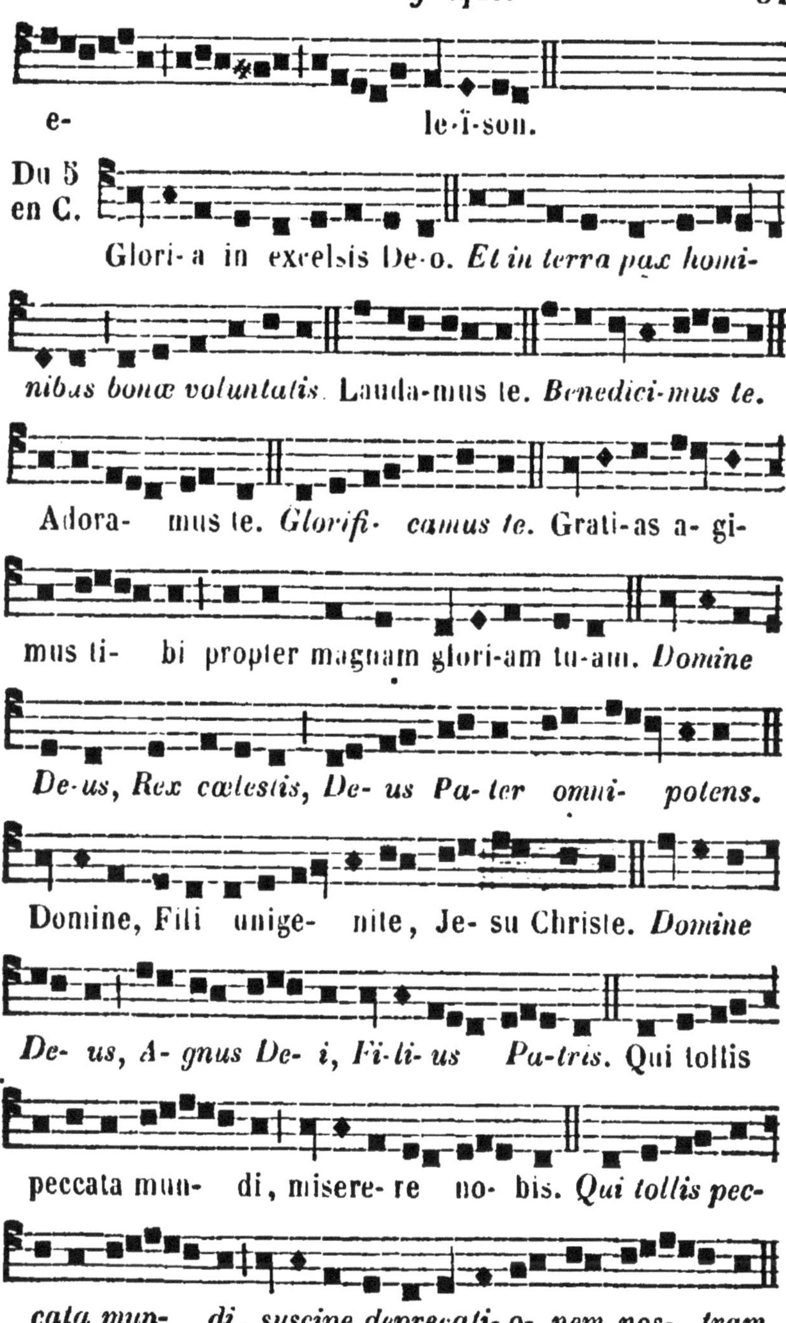
e- le-ï-son.
Du 5 en C.
Glori-a in excelsis De-o. Et in terra pax homi-
nibus bonæ voluntatis. Lauda-mus te. Benedici-mus te.
Adora- mus te. Glorifi- camus te. Grati-as a- gi-
mus ti- bi propter magnam glori-am tu-am. Domine
De-us, Rex cœlestis, De- us Pa- ter omni- potens.
Domine, Fili unige- nite, Je- su Christe. Domine
De- us, A- gnus De- i, Fi-li- us Pa-tris. Qui tollis
peccata mun- di, misere- re no- bis. Qui tollis pec-
cata mun- di, suscipe deprecati- o- nem nos- tram.

Qui sedes ad dexteram Patris, miserere- re nobis. *Quo-*

ni-am tu solus Sanctus. Tu solus Do- minus. *Tu solus*

Altis- simus Je- su Christe. Cum Sancto Spi- ritu

in glori a De-i Pa- tris. A- men.

Du 5 en C. Credo in unum De um. *Pa-trem omnipotentem,*

Factorem cœli et terræ, visi-bi-li-um om- ni-um et

invisi-bi- li-um. Et in unum Dominum Jesum Chris-

tum, Fili-um De-i uni-genitum. *Et ex Patre na- tum*

ante omni-a sæcula. De-um de De-o, lumen de lumine,

De-um verum de De-o vero. *Genitum non fac- tum,*

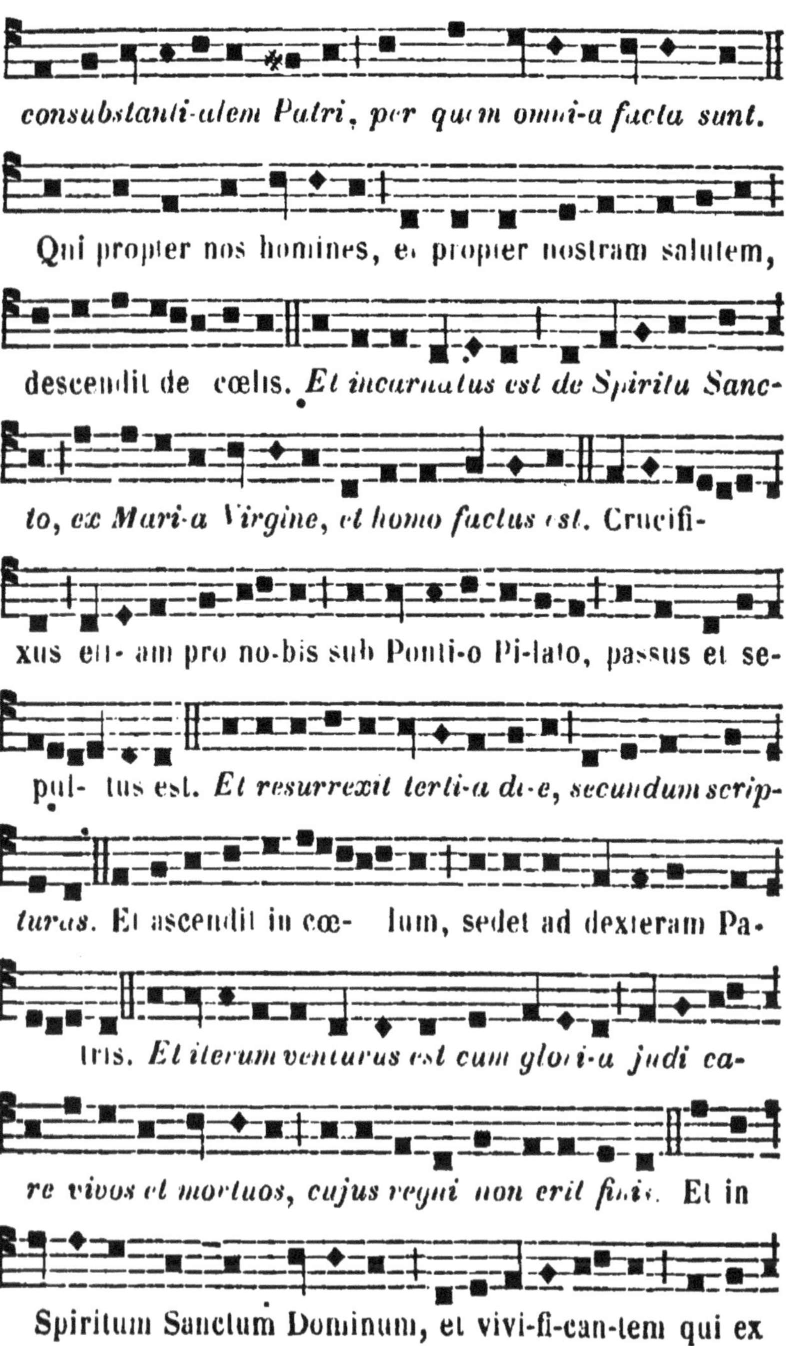
consubstanti-alem Patri, per quem omni-a facta sunt.
Qui propter nos homines, et propter nostram salutem,
descendit de cœlis. *Et incarnatus est de Spiritu Sanc-*
to, ex Mari-a Virgine, et homo factus est. Crucifixus eti-am pro no-bis sub Ponti-o Pi-lato, passus et se-
pul- tus est. *Et resurrexit terti-a di-e, secundum scrip-*
turas. Et ascendit in cœ- lum, sedet ad dexteram Patris. *Et iterum venturus est cum glori-a judi ca-*
re vivos et mortuos, cujus regni non erit finis. Et in
Spiritum Sanctum Dominum, et vivi-fi-can-tem qui ex

Patre Fili-oque procedit. *Qui cum Patre et Fili-o si-*

mul adoratur, et conglori ficatur, qui locutus est per

prophetas. Et Unam, Sanctam, Catho-licam et Apos-

tolicam Ecclesi-am. *Confite-or unum baptisma, in re-*

missionem peccatorum Et expecto resurrecti-onem mor-

tu-orum. *Et vi- tam ventu- ri sæcu-li.* A-

men.

Du 6 en F.

Sanc- tus. Sanc-tus. *Sanc- tus*

Do- minus De-us Sa- ba-oth.

Ple-ni sunt cœ- li et ter- ra glo- ri-a tu- a:

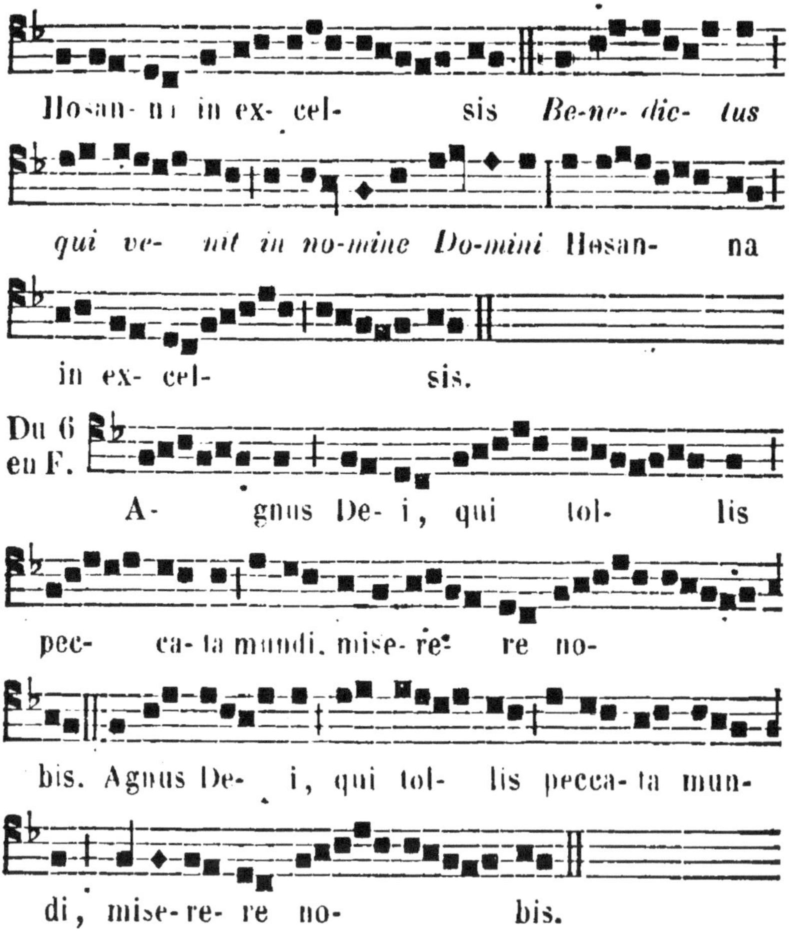

Hosan- na in ex- cel- sis *Be-ne- dic- tus*
qui ve- nit in no-mine Do-mini Hosan- na
in ex- cel- sis.
Du 6 en F.
A- gnus De- i, qui tol- lis
pec- ca- ta mundi, mise- re- re nobis. Agnus De- i, qui tol- lis pecca- ta mundi, mise-re- re no- bis.

N° 3. — MESSE SÉRAPHIQUE,

par Henri DUMONT.

Du 6 en F.
Ky- ri-e, e- le- ï-son. Christe,
e- le-ï-son. Ky-ri- e,

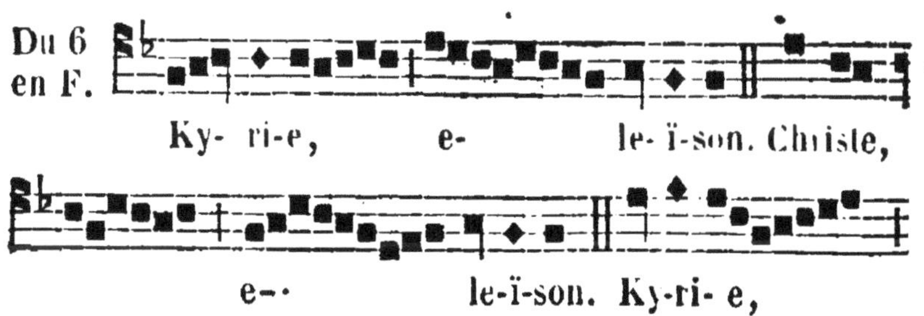

e- leïson (2). Kyri- e, e-

le-ï son.

Du 6 en F.

Glo- ri-a in excel-sis De- o. *Et in terra pax*

hominibus bonæ voluntatis. Lau-damus te. *Benedi-*

cimus te. Adoramus te. *Glori-ficamus te.* Grati-as

agimus ti-bi propter magnam glori-am tu-am. *Domi-*

ne De-us, Rex cœlestis, De-us Pater omnipotens. Do-

mine, Fi-li unige ni-te, Jesu Christe. *Domine De-us,*

A-gnus De-i, Fili-us Patris. Qui tollis peccata mundi,

mise-re-re nobis. *Qui tollis peccata mundi, suscipe*

deprecati-onem nostram. Qui sedes ad dexteram Pa-
tris, miserere nobis. *Quoni-am tu solus Sanctus.* Tu
solus Dominus. *Tu solus Altissimus, Je u Christe.* Cum
Sancto Spiri-tu in glori-a De-i Patris. A- men.
Du 6 en F.
Cre- do in unum De- um. *Patrem omnipotentem,*
Factorem cœli et terræ, visi- bi-li-um omni-um et invi-
sibi-li-um. Et in unum Dominum Jesum Chris-tum
Fili-um De-i uni-geni-tum. *Et ex Patre natum ante*
omni-a sæcula. De-um de De-o, lumen de lumine,
De-um verum de De-o vero. *Genitum non factum con-*

substanti-alem Patri, per quem omni-a facta sunt.

Qui propter nos homines, et propter nostram salutem

descendit de cœlis *Et incarnatus est de Spiritu Sancto,*

Lento.

ex Mari-a Virgine, et homo factus est. Cruci fixus

e-ti-am pro nobis, sub Ponti-o Pilato, pas-sus et se-

pultus est. *Et resurrexit terti-a di-e secundum Scrip-*

turas. Et ascendit in cœlum, sedet ad dexteram Patris.

Et iterum venturus est cum glori-a judica-re vivos

et mortu-os, cujus regni non erit finis. Et in Spiri-

tum Sanctum Dominum, et vivi-ficantem, qui ex Patre

Fi-li-o-que procedit. *Qui cum Patre et Fi-li-o simul*
adoratur et conglori- ficatur, qui locutus est per pro-
phetas. Et Unam, Sanctam, Catholicam, et Apos-to-li-
cam Ecclesi-am. *Confite-or unum baptisma, in remis-*
si-onem peccatorum. Et expecto resurrecti-onem mor-
tu-orum. *Et vitam venturi sæculi.* A- men.
Du 6 en F.
Sanc- tus Sanc- tus. *Sanc- tus*
Dominus Deus Saba-oth. Pleni sunt cœli et ter- ra
glori- a tu-a. Ho- sanna in excelsis. *Benedictus qui*
venit in nomine Domini. Ho- sanna in excelsis.

Du 6 en F.

Agnus De-i qui tollis peccata mundi, miserere

nobis. Agnus De-i, qui tollis peccata mundi, mi- serere

Le 3e *Agnus*, comme le 1er, sauf les dernières paroles : *Dona nobis pacem.*

nobis.

No 6. — MESSE DE LA SAINTE VIERGE.

Du 1 en D.

Du 7
en C.
Glo- ri-a in excel- sis De- o. Et in ter- ra
pax ho-mi- ni bus bonæ volunta- tis. Lau-da-mus te.
Bene- dicimus te. Ado- ra- mus te. Glorifi-
ca- mus te. Grati-as agimus tibi propter magnam
glo- ri-am tu- am. Domine De- us, Rex cœ-
les-tis, De- us Pa- ter omni- po-tens. Domine, Fili
uni- ge- nite, Jesu Chris- te. Do- mine De-us, A-
gnus De i, Fili-us Pa- tris. Qui tol- lis peccata mundi,
mise- re-re no bis. Qui tol-lis peccata mun- di,
sus- cipe depreca-ti-o- nem nos-tram. Qui sedes

ad dexteram Patris, mise- re- re no- bis. Quoni-am
tu solus Sanctus. Tu solus Dominus Tu solus Al-
tis- simus. Jesu Chris-te. Cum Sanc-to Spi- ritu
in glori-a De- i Pa- tris. A- men.
Credo, p. 45.
Du 1 en D.
Sanc- tus. Sanc- tus. Sanctus, Dominus De us Sa- ba-oth. Pleni
sunt cœ-li et ter- ra glo- ri- a tu-a
Hosan- na in ex- cel- sis. Benedic- tus qui
ve- nit in no- mi- ne Domini. Hosanna in ex- cel-sis.

Le 3e *Agnus*, comme le 1er, sauf les dernières paroles : *Dona nobis pacem.*

No 7. — MESSE DES DIMANCHES ORDINAIRES.

te. Grati-as agimus tibi propter magnam glo-

ri-am tu-am *Do- mine De-us, Rex cœlestis, De-us*

Pa-ter omni- potens. Do- mine, Fi- li uni-geni-

te, Jesu Christe, *Do- mine De- us, Agnus De-i,*

Fi- li- us Patris. Qui tol-lis pec-cata mundi, mise-

rere nobis. *Qui tol-lis pec-cata mundi sus- cipe*

depreca-ti-onem nostram. Qui se- des ad dexteram

Patris, mise- rere nobis. *Quo- ni-am tu solus*

Sanctus. Tu solus Dominus. *Tu so-lus Al- tissimus*

Je-su Christe. Cum Sancto Spiritu, in glori-a De- i

Pa- tris. A- men.
Du 4 en E.
Credo in unum De-um. Pa- trem omnipo- tentem,
Factorem cœli et ter- ræ, vi-si-bi li-um omni-um et in-
vi-sibi- li-um. Et in unum Dominum Jesum Christum
Fi- li-um De-i uni- ge-ni-tum. Et ex Patre natum
an- te omni-a sæ- cu-la De-um de De-o, lumen de
lumine, De-um verum de De-o ve- ro. Genitum non
factum consubstanti-alem Patri, per quem omni-a
fac-ta sunt. Qui propter nos homines et propter nostram
salutem descendit de cœ- lis. Et incarnatus est de Spi-

ritu Sancto, ex Mari- a Vir- gine, Et Homo fac-

tus est. Crucifixus e-ti-am pro nobis, sub Ponti-o Pi-

la- to, pas- sus et sepul-tus est. *Et resurrexit terti-a*

di-e, se-cundum Scripturas. Et ascendit in cœlum, se-

det ad dexteram Patris. *Et iterum venturus est cum glo-*

ri- a judi-ca-re vi- vos et mortu-os; cujus regni non

erit fi- nis. Et in Spiritum Sanctum Dominum et

vivi-fi- cantem, qui ex Patre Fili-oque proce- dit. *Qui*

cum Patre et Fili- o simul adoratur et conglori-fi-

ca- tur, qui locutus est per Prophetas. Et Unam, Sanc-

tam, Catholicam et Aposto-licam Ecclesi-am. *Confi-*
te-or unum baptisma in remissi- onem pecca- to- rum.
Et expecto resurrecti-onem mortu- o- rum. *Et vitam*
venturi sæ- culi. A- men.
Du 2
en D.
Sanc- tus. Sanc- tus. *Sanc- tus Do- minus*
De- us Sa- ba-oth. Ple- ni sunt cœ- li et
ter- ra glo- ri- a tu- a. Ho- sanna in
ex- cel-sis. *Bene- dic-tus qui ve- nit in*
no- mine Do- mini. Ho- san- na
in ex- cel-sis.

No 8. — MESSE DE L'AVENT ET DU CARÊME.

Credo, p. 45.

Du 5 en C.

Sanc tus. Sanc-tus. *Sanc- tus, Dominus De-us*

Sa- ba- oth. Pleni sunt cœ- li et ter-

ra glo- ri- a tu- a. Ho- san- na in

excel- sis. *Be- nedic-tus qui ve-nit in nomine Do-*

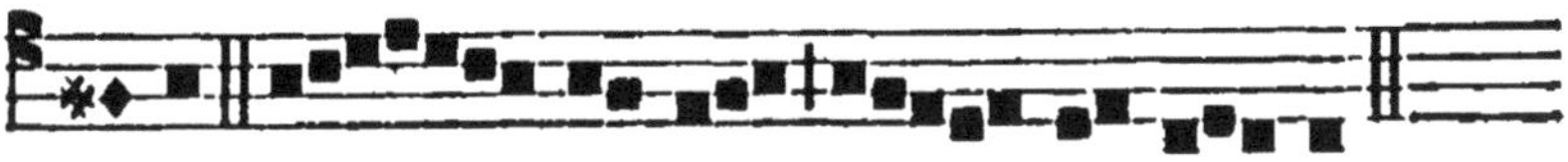

mini. Ho- san- na in ex- cel- sis.

Du 5 en C.

Agnus De- i, qui tol-lis pec- ca- ta mun-

di, misere-re no- bis. A- gnus De- i, qui tol- lis

pec- ca- ta mundi, mi-se-re-re no- bis.

No 9. — MESSE DU TEMPS PASCAL.

Du 8 en C.

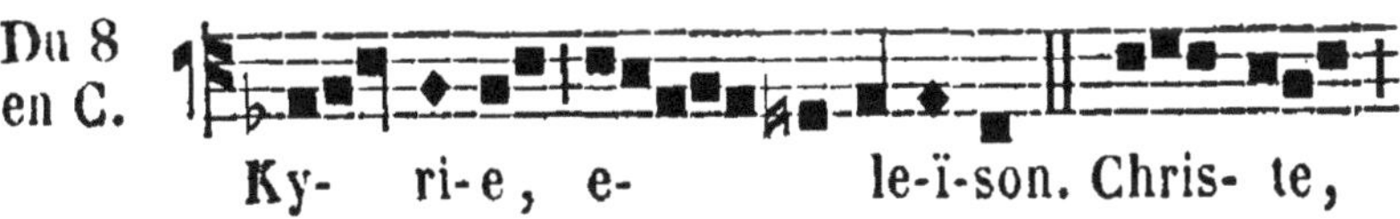

Ky- ri-e, e- le-ï-son. Chris- te,

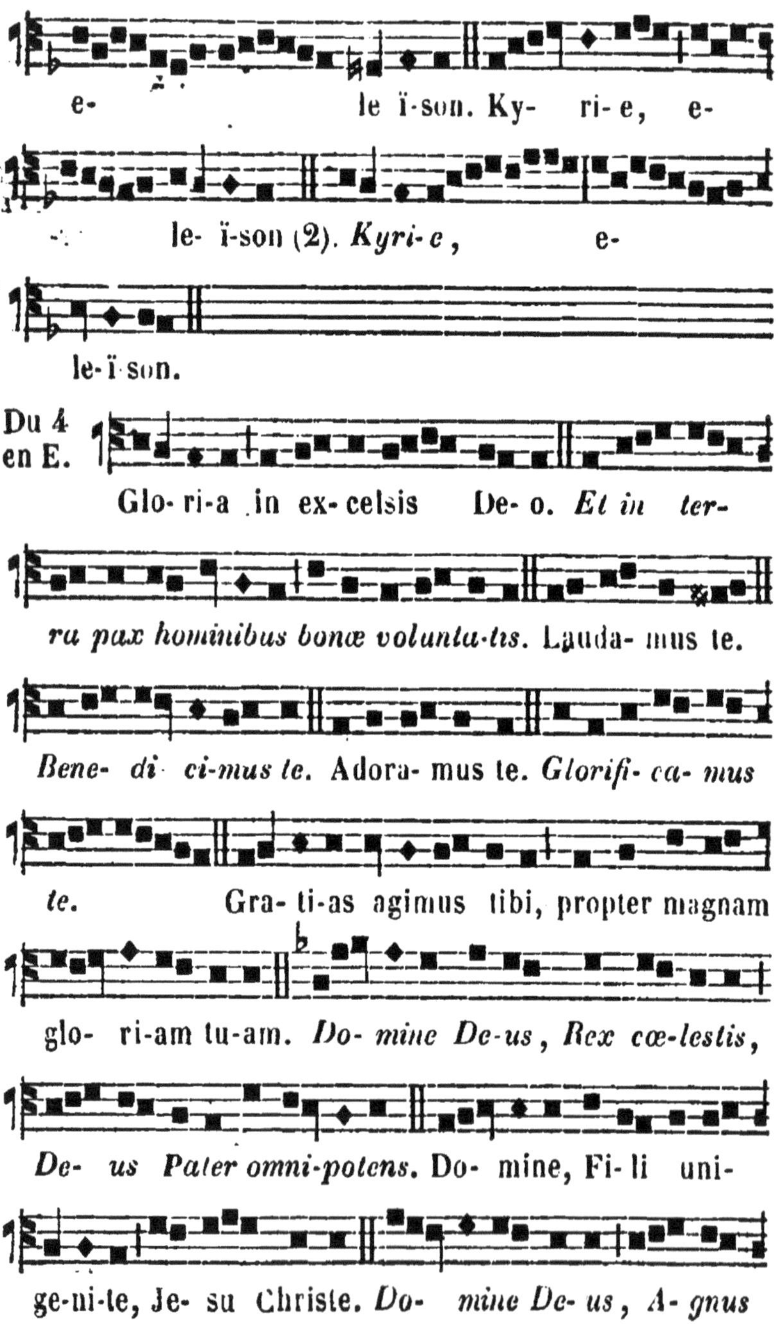
e- le ï-son. Ky- ri- e, e-
le- ï-son (2). Kyri- e, e-
le-ï-son.
Du 4
en E.
Glo- ri-a in ex- celsis De- o. Et in terra pax hominibus bonæ volunta-tis. Lauda- mus te.
Bene- di ci-mus te. Adora- mus te. Glorifi- ca- mus
te. Gra- ti-as agimus tibi, propter magnam
glo- ri-am tu-am. Do- mine De-us, Rex cœ-lestis,
De- us Pater omni-potens. Do- mine, Fi- li uni-
ge-ni-te, Je- su Christe. Do- mine De- us, A- gnus

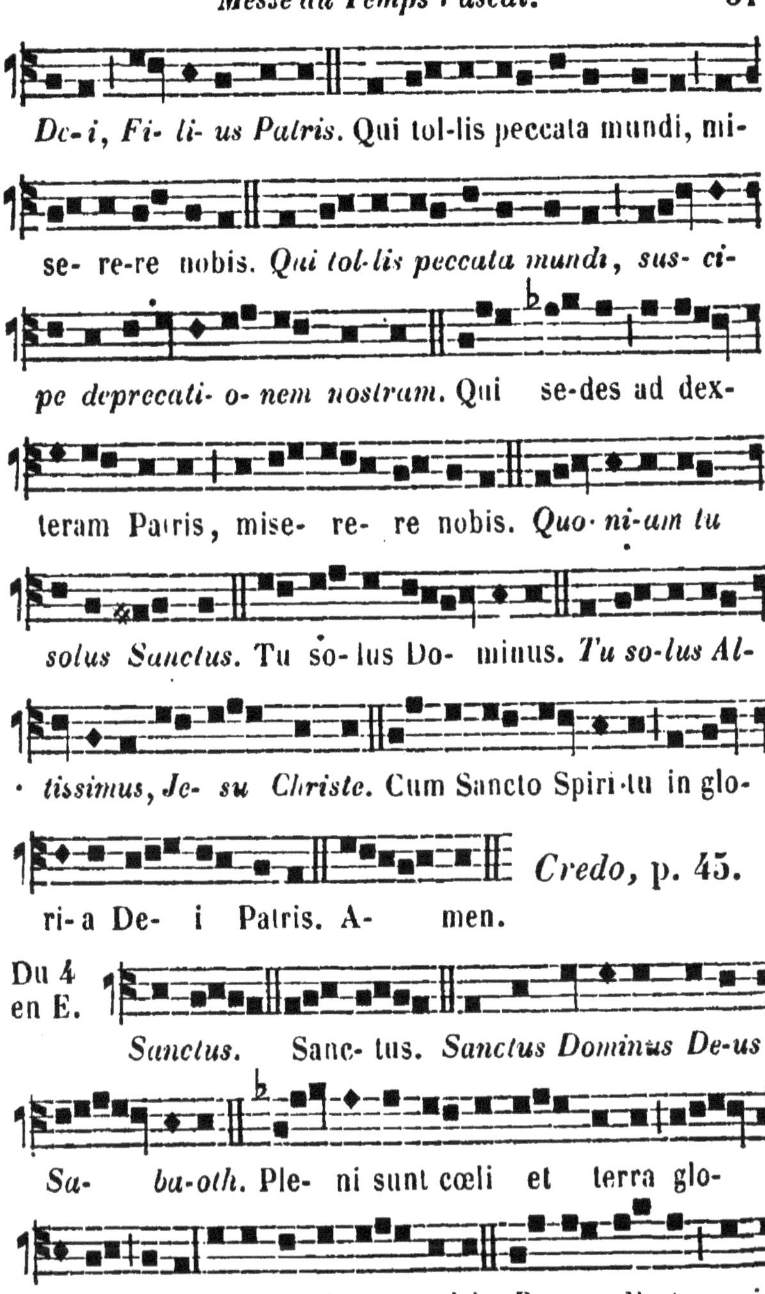
De-i, Fi- li- us Patris. Qui tol-lis peccata mundi, mi-
se- re-re nobis. Qui tol-lis peccata mundi, sus- cipe deprecati- o- nem nostram. Qui se-des ad dexteram Patris, mise- re- re nobis. Quo- ni-am tu
solus Sanctus. Tu so- lus Do- minus. Tu so-lus Al-
tissimus, Je- su Christe. Cum Sancto Spiri-tu in glori-a De- i Patris. A- men.
Credo, p. 45.
Du 4 en E.
Sanctus. Sanc- tus. Sanctus Dominus De-us
Sa- ba-oth. Ple- ni sunt cœli et terra glori-a tu-a. Hosanna in ex- celsis. Be- ne- dic-tus qui

MESSE ET SERVICE DES MORTS.

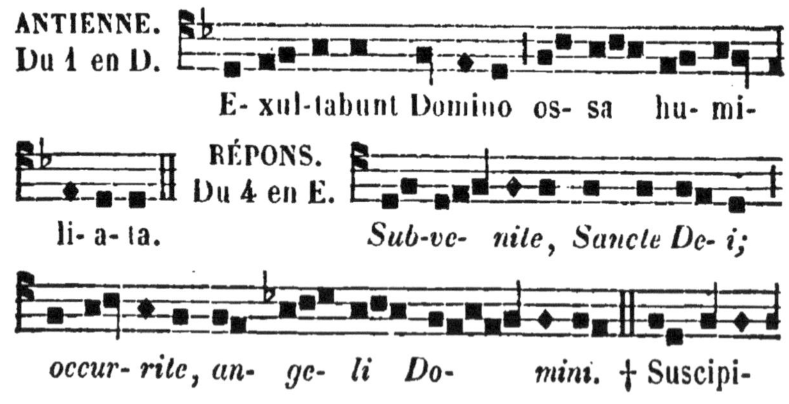

entes animam e- jus. † Offerentes e- am in conspec-
tu Al- tis- simi.
Introït.
Du 6 en F.
Re- qui-em æ- ter- nam do- na e-
is, Do- mi ne; et lux perpe- tu- a
lu- ce-at e- is. Te de- cet hymnus,
De-us, in Si- on; Et ti-bi reddetur votum in Jerusalem;
exau-di ora ti onem me-am; ad te omnis caro veni-et.
Du 6
en F.
Ky- ri-e, e- le-ï-son. Christe,
ele- ï-son. Ky- ri- e, e- le- ï- son (2). Ky-
ri-e, e- le-ï-son.

Prose.
Du 2.
2e ℣. Quantus tremor est fu-turus, Quando Ju-
dex est venturus, Cuncta strictè discussurus. 4e ℣. Mors
stupebit, et na- tu- ra, Cùm resurget cre-atu-ra,
Judi- can- ti responsura. 6e ℣. Judex er- go cùm
sede- bit, Quidquid latet appare- bit; Nil inultum
remane- bit. 18. Lacrymo-sa di-es il-la, Qua resurget
ex favilla. 19. *Judican- dus ho- mo re- us.*
Lento.
Hu-ic ergo par- ce, De-us. 20. Pi-e Jesu Domine,
Do-na e- is requi em. A- men.
Offertoire.
Du 2 en D.
Do- mine, Jesu Christe, Rex

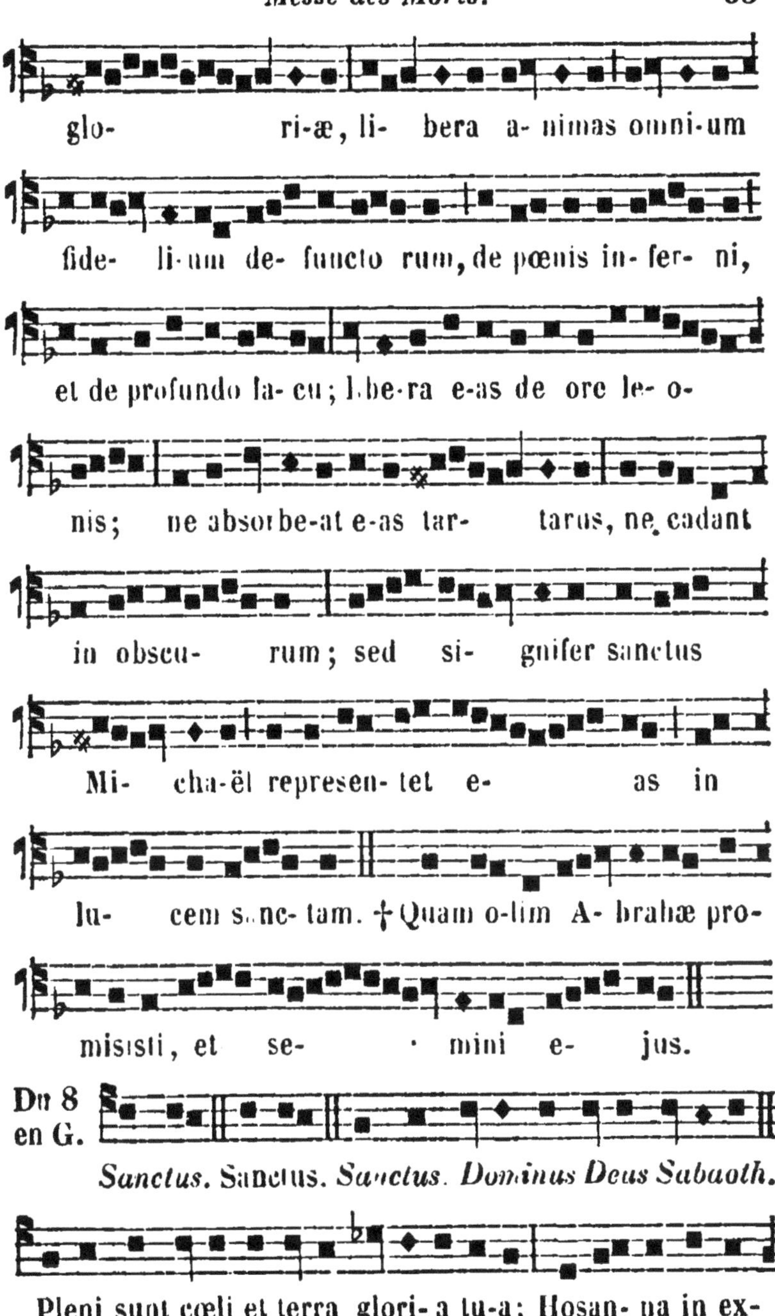
glo- ri-æ, li- bera a- nimas omni-um
fide- li-um de- functo rum, de pœnis in- fer- ni,
et de profundo la- cu; libe-ra e-as de ore le- o-
nis; ne absorbe-at e-as tar- tarus, ne cadant
in obscu- rum; sed si- gnifer sanctus
Mi- cha-ël represen- tet e- as in
lu- cem sanc- tam. ✝ Quam o-lim A- brahæ pro-
misisti, et se- mini e- jus.
Du 8 en G.
Sanctus. Sanctus. Sanctus. Dominus Deus Sabaoth.
Pleni sunt cœli et terra glori- a tu-a; Hosan- na in ex-

cel-sis. Bene-dictus qui venit in nomine Domini Ho-
san-na in excel- sis.
Du 6 en F.
Solo. Mise-re- mini me-i,
miseremini me- i, saltem vos ami- ci me- i; qui-a
manus Domini te- tigit me.
℟. De profundis, du 6 r.
℣. Miseremini.
℟. Requiem æternam.
Du 6 en F.
O sa- lu- ta- ris Hos- ti-a sa- cra! Integer
Tu qui es nostra u- nica sa- lus Hominum
Ho- mo, De-i-tas ve- ra, Fons et Ori- go prima sa-
qui- que ô bone Je- su! Vi- ti- a pur-gas atque re-
lu- ti-, Parce defunctis.
mit-tis, Parce defunctis.
Du 8 en G.
Agnus De-i, qui tollis peccata mundi, dona e-is
requi-em (3 fois). Sempiternam.

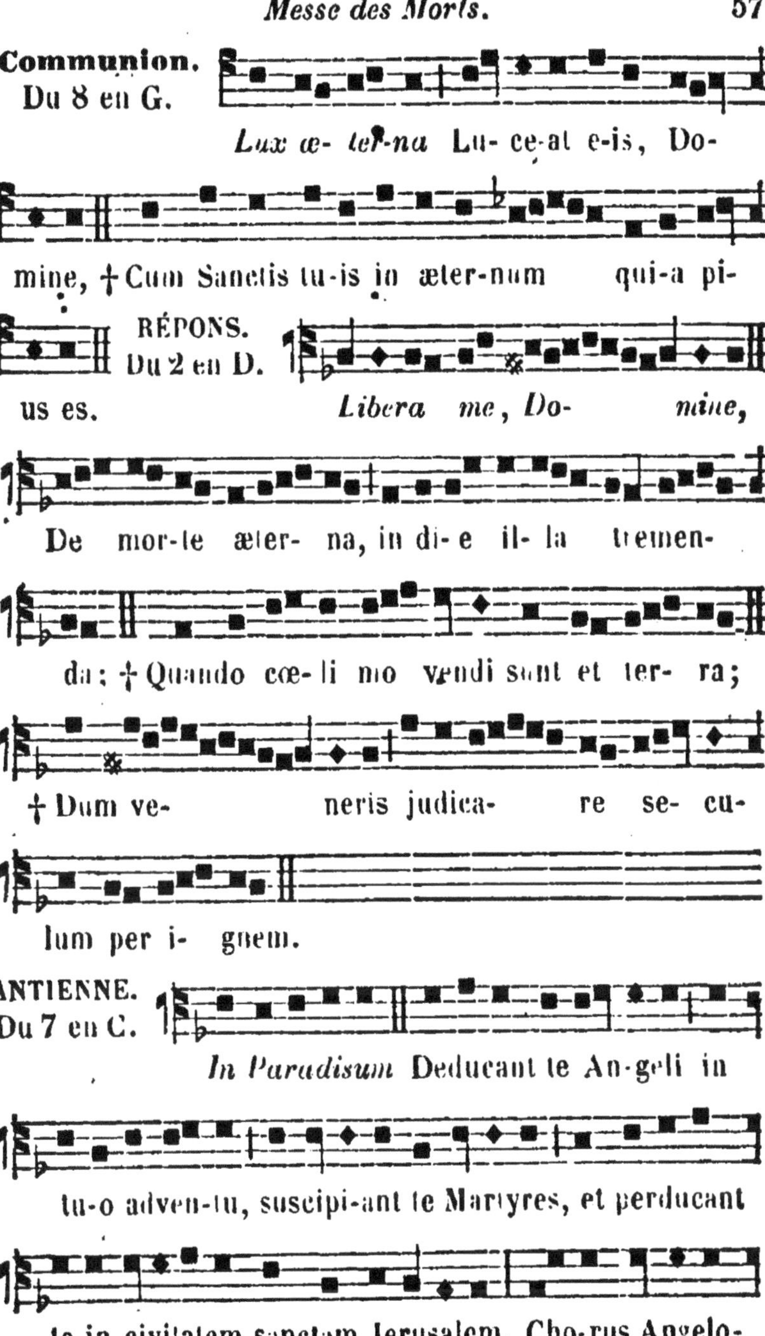
Communion.
Du 8 en G.
Lux æ- ter-na Lu- ce-at e-is, Do-
mine, ✝ Cum Sanctis tu-is in æter-num qui-a pi-
us es.
RÉPONS.
Du 2 en D.
Libera me, Do- mine,
De mor-te æter- na, in di- e il- la tremen-
da; ✝ Quando cœ- li mo vendi sunt et ter- ra;
✝ Dum ve- neris judica- re se- cu-
lum per i- gnem.
ANTIENNE.
Du 7 en C.
In Paradisum Deducant te An-geli in
tu-o adven-tu, suscipi-ant te Martyres, et perducant
te in civitatem sanctam Jerusalem. Cho-rus Angelo-

Prose de Pâques.

Prose de la Pentecôte.

Prose du Saint-Sacrement.

no- vitas, Umbram fugat ve- ri-tas, Noctem lux
e- li-minat. 10 Docti sacris institutis, Panem, vi-
num, in salutis Consecramus hosti-am. 12. Quod non
capis, quod non vides, animosa firmat fides, præter
rerum ordinem. 14 Caro ci- bus, Sanguis po tus;
Manet tamen Christus totus Sub utraque speci-e.
16. Sumit unus, sumunt mille, Quantum isti, tantum
ille, Nec sumptus con-sumitur. 18. Mors est malis,
vita bo- nis, Vide paris sumpti-onis Quam sit dis-
par exitus. 20. Nulla re-i fit scissura; Signi tantum

fit fractura, Qua nec status, nec statura, Signati mi-
nu-i-tur. 22. In figuris præ-signatur, Cum Isa-ac im-
molatur, Agnus Paschæ de-putatur, datur manna
patribus. 24 Tu qui cuncta scis et va-les, Qui nos
pascis hic mor- tales, tu-os ibi comensales, Cohære-
des et sodales, Fac sancto- rum civi-um.

Te Deum.

Du 8 en G.
et du 4 en E.
Te De-um lauda- mus, te Dominum con-
fitemur. Te æternum Patrem omnis terra vene-ratur.
Tibi omnes Angeli, tibi cœli et uni-versæ Potestates.

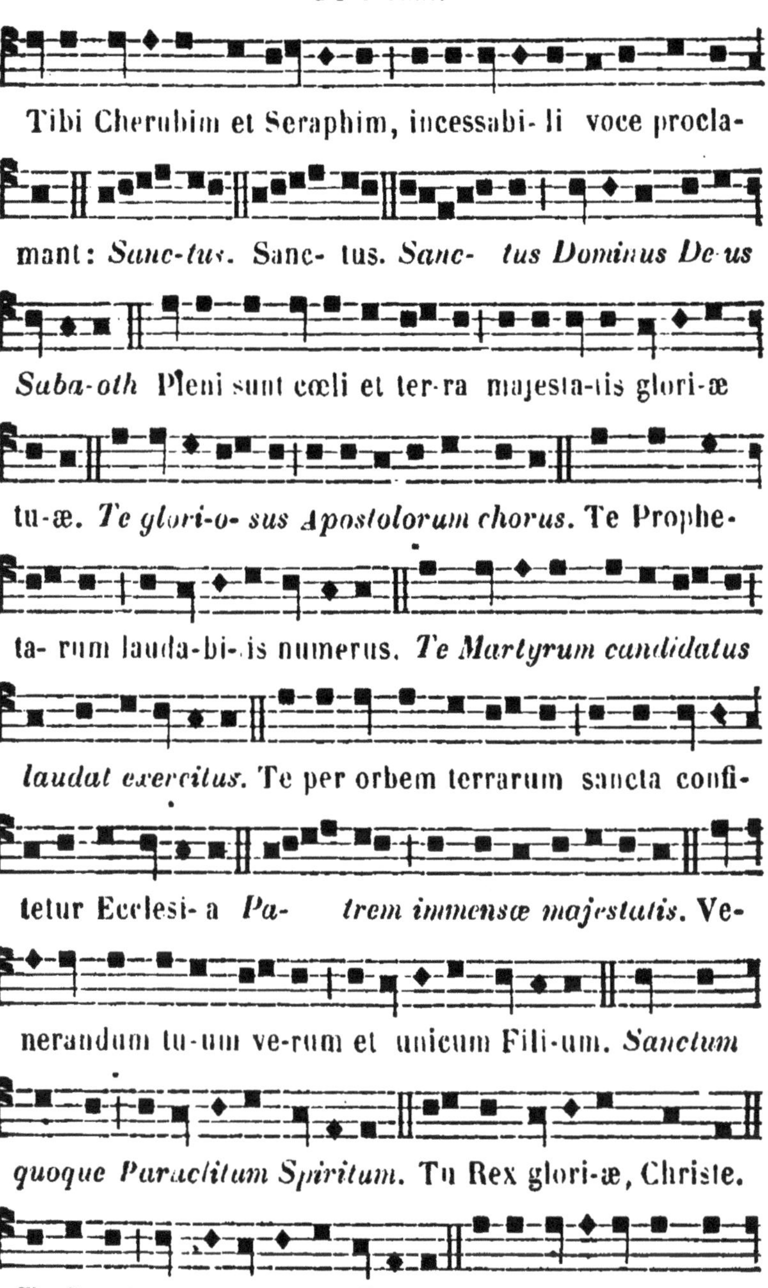
Tibi Cherubim et Seraphim, incessabi- li voce procla-
mant: Sanc-tus. Sanc- tus. Sanc- tus Dominus De-us
Saba-oth Pleni sunt cœli et ter-ra majesta-tis glori-æ
tu-æ. Te glori-o- sus Apostolorum chorus. Te Prophe-
ta- rum lauda-bi- is numerus. Te Martyrum candidatus
laudat exercitus. Te per orbem terrarum sancta confi-
tetur Ecclesi- a Pa- trem immensæ majestatis. Ve-
nerandum tu-um ve-rum et unicum Fili-um. Sanctum
quoque Paraclitum Spiritum. Tu Rex glori-æ, Christe.
Tu Patris sempiternus es Fili-us. Tu ad liberandum sus-

cepturus hominem, non horru-isti Virginis uterum. *Tu,*
devicto mortis aculе- o, aperu- isti credentibus regna
cœlorum. Tu ad dexteram De-i sedes in glori-a Patris.
Judex crederis esse venturus. Te ergo quæsumus, tu-is
famulis subveni, quos preti-oso sanguine redemis-ti.
Æterna fac cum Sanctis tu-is in glori-a numera- ri.
Salvum fac populum tu-um, Domine, et be-nedic hæ-
redi-tati tu- æ. *Et rege e-os et extolle illos,*
usque in æter- num. Per singulos di-es benedi- cimus
te. *Et laudamus nomen tu-um in sæculum, et in sæcu-*

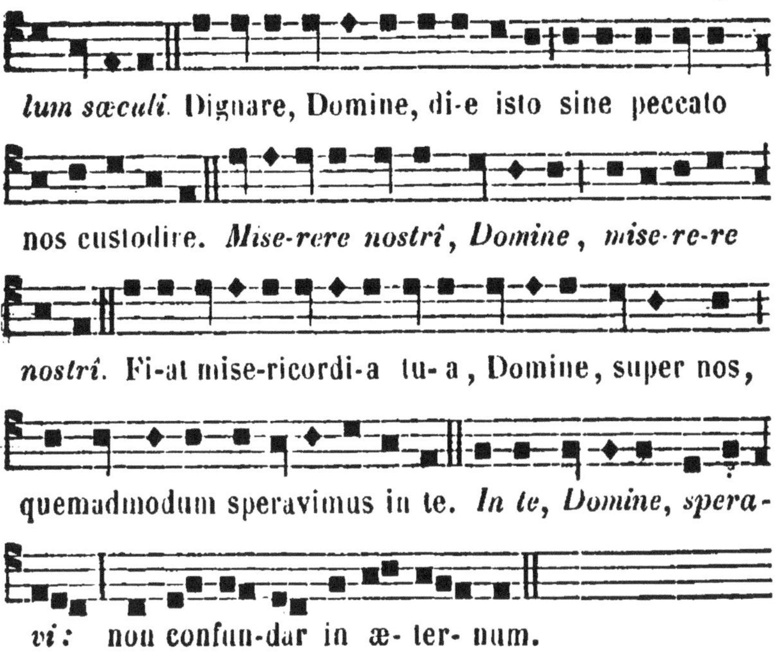

Airs d'Hymnes

POUR TOUTES LES COUPES DE VERS.

Tous les airs qui se rapportent à une même coupe de vers sont indiqués ci-après par une même lettre placée en tête près de la clé. — Les barres séparent les vers du couplet noté, lequel est ici le 2e de chaque hymne. — Un certain nombre d'airs sont *mesurés;* dans ce cas, il faut obéir au mouvement de la mesure, sans s'arrêter aux barres, qui ne sont plus que des jalons pour aider l'œil à suivre l'air.

ca ri præcipis, Illa- bitur tetrum cha-os, Audi pre-
ces cum fle- tibus.
N° 2.
Dimanche.
Du 1.
A.
Lento.
Qui mane junc-
tum vesperi Di-em voca- ri præ- cipis. Illabitur te-
trum cha-os, Audi preces cum fletibus.
N° 3.
Avent.
A.
Lento.
Du 4.
Qui dœmonis ne fraudibus Periret orbis, impe-
tu Amoris actus, languidi Mundi medela fac- tus est.
N° 4.
Noël.
A.
Du 1.
Tu lumen et splen-dor Patris, Tu spes peren-
nis om- ni-um, Intende quas fundunt preces Tu-i
per or- bem servuli.

* Les airs ainsi marqués sont de l'auteur de cet opuscule.

(1) Il y a quelques vers d'Hymnes qui ont une *syllabe excédante ;* on réunit alors deux syllabes sous une même note, que l'on dédouble. Nous mettons en caractère *italique* les deux syllabes auxquelles il faut appliquer cette remarque.

nos ut tol-leres.

A.
No 11.
VENI CREATOR.
Du 7.
Qui di- ce-ris Pa- ra- clitus, Al-
tissimi do- num De-i, Fons vi- vus, ignis, cha- ri-
tas, Et spiri- ta- lis uncti- o.

A. Lento.
No 12.
Trinité.
Du 6.
Te mane laudum carmine, Te deprecamur
vespere; digneris ut te supplices, Laudemus inter
Cœlites.

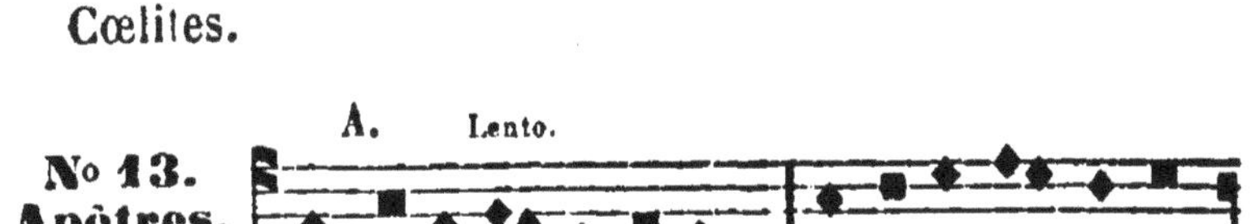
A. Lento.
No 13.
Apôtres.
Du 5.
Vos, sæculo-rum judices, Et vera mundi lu-

mine, Votis precamur cordi-um. Audite voces supplicum.

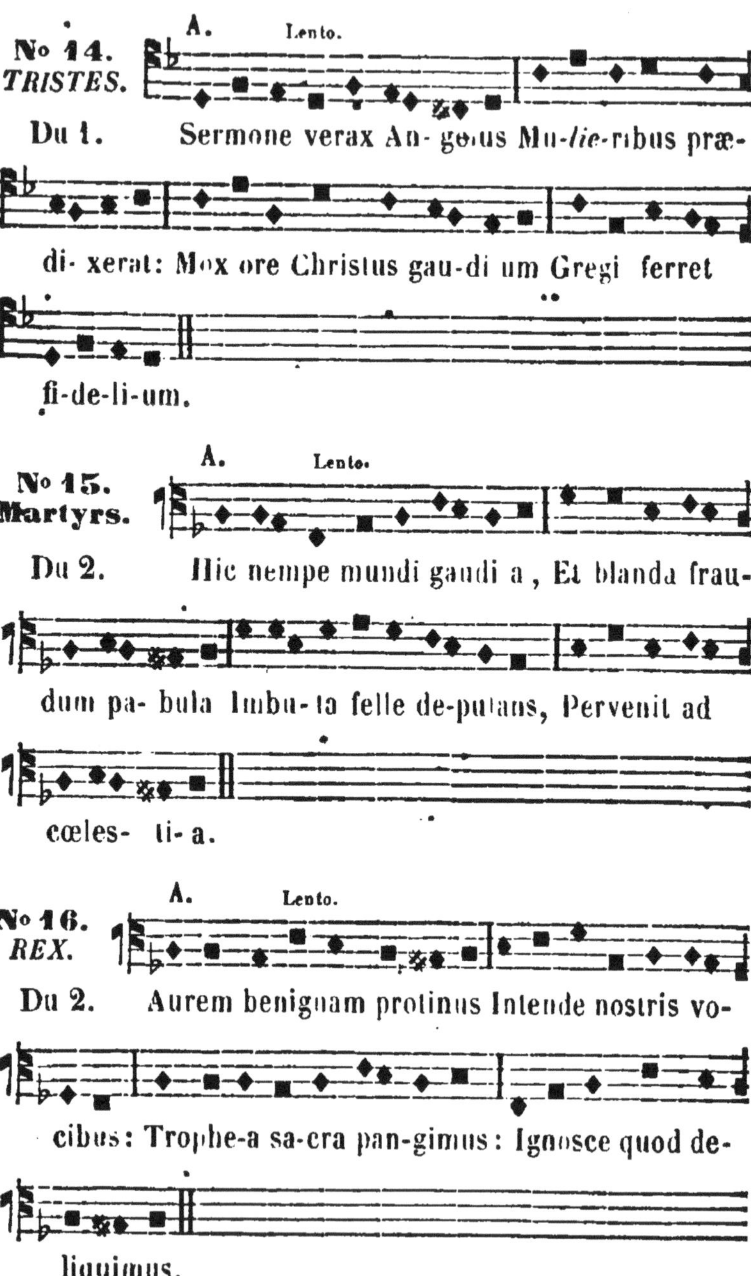
No 14.
TRISTES.
A.
Lento.
Du 1.
Sermone verax An- gelus Mu-lie-ribus præ-
di- xerat: Mox ore Christus gau-di um Gregi ferret
fi-de-li-um.
No 15.
Martyrs.
A.
Lento.
Du 2.
Hic nempe mundi gaudi a, Et blanda frau-
dum pa- bula Imbu- ta felle de-putans, Pervenit ad
cœles- ti- a.
No 16.
REX.
A.
Lento.
Du 2.
Aurem benignam protinus Intende nostris vo-
cibus: Trophe-a sa-cra pan-gimus: Ignosce quod de-
liquimus.

A.
No 17.
Vierges.
Du 8.
Qui per- gis inter li- li- a, Septus cho-
re- is Vir- ginum, Sponsus de- corus glo- ri-a,
Sponsusque reddens præmi-a.
Lento.
No 18.
Ste Marie-Madel.
Du 6.
Amo- re currit sauci-a Pedes
be-atos un-gere, Lavare fletu, tergere Comis, et o-
re lambere.
A.
No 19.
Toussaint.
Du 6.
* Et vos be-ata, per novem Distincta gyros,
agmina, Antiqua cum præsentibus Futura damna
pellite.

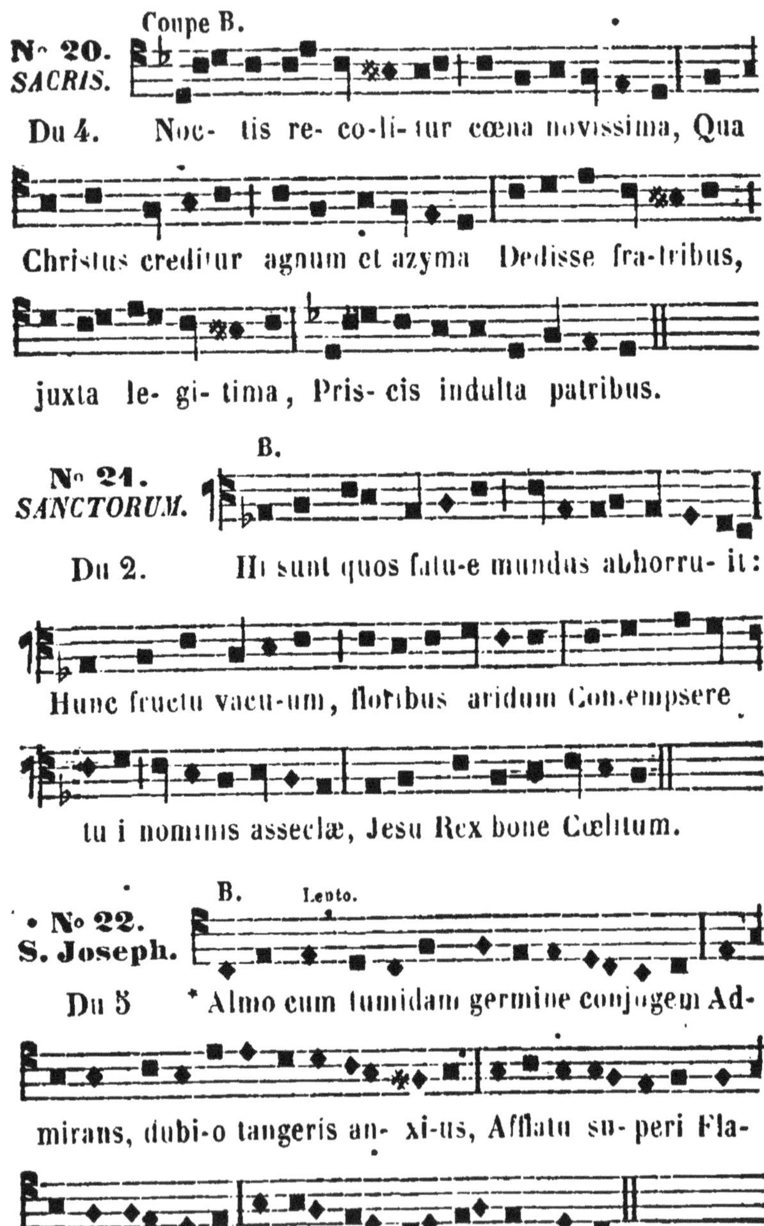
Coupe B.
N° 20.
SACRIS.
Du 4.
Noc- tis re- co-li- tur cœna novissima, Qua
Christus creditur agnum et azyma Dedisse fra-tribus,
juxta le- gi- tima, Pris- cis indulta patribus.
B.
N° 21.
SANCTORUM.
Du 2.
Hi sunt quos fatu-e mundus abhorru- it:
Hunc fructu vacu-um, floribus aridum Contempsere
tu i nominis asseclæ, Jesu Rex bone Cœlitum.
B.
Lento.
N° 22.
S. Joseph.
Du 5
* Almo cum tumidam germine conjugem Ad-
mirans, dubi-o tangeris an- xi-us, Afflatu su- peri Fla-
minis An-gelus Conceptum pu- e- rum docet.

N° 23.
Précieux Sang.
Du 6.

B.

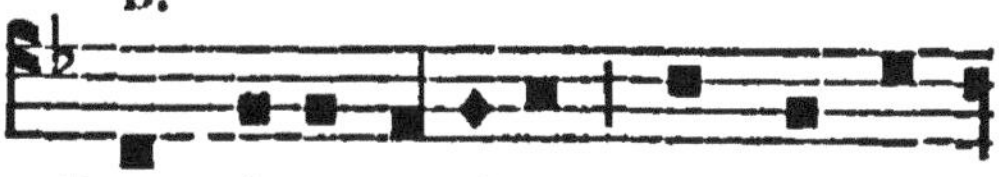

Quem dura mori-ens Christus in

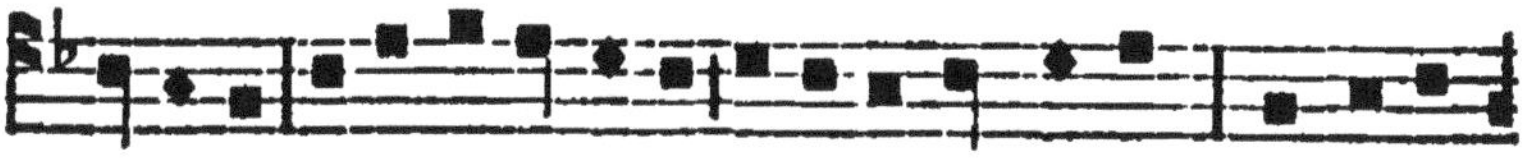

arbore Fudit multiplici vulnere Sanguinem, Nos facti

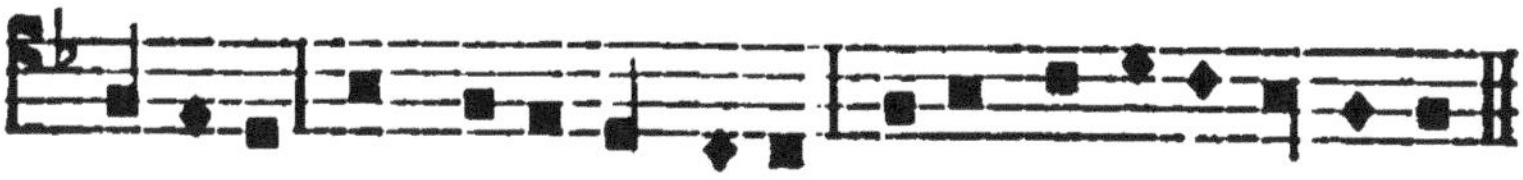

memores dum colimus, decet Saltem fundere lacrymas.

N° 24.
Confesseurs.
Du 6.

Coupe C.

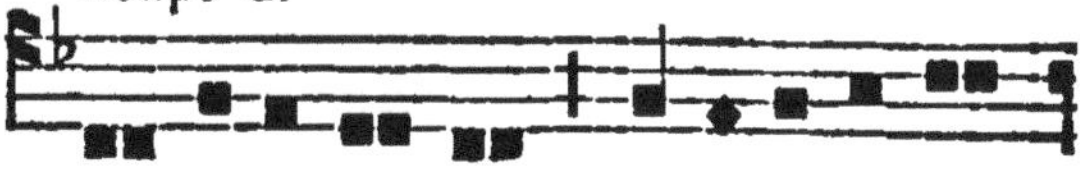

Qui pi-us, prudens, humilis, pudi-

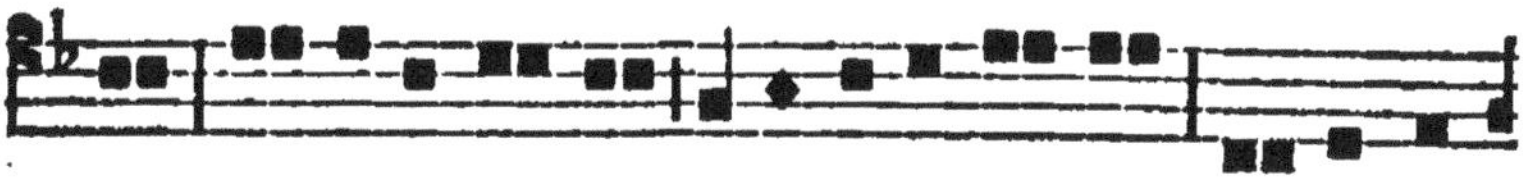

cus, Sobri-am du- xit sine labe vi- tam, Donec hu-

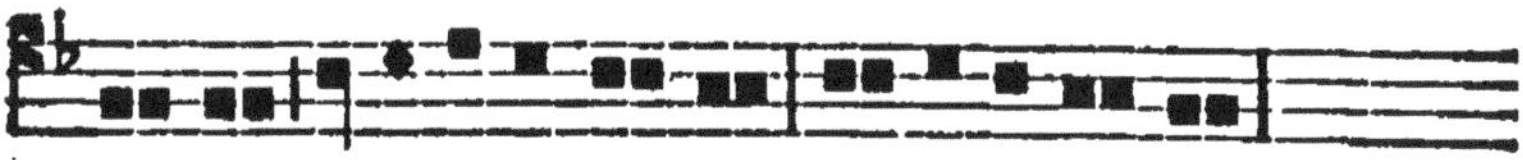

ma- nos animavit au- ræ Spi- ritus ar- tus.

N° 25.
S. J.-Baptiste.
Du 2.

C.

Nun-ti us cel- so veni ens olym-

po, Te patri magnum fore nasci- tu- rum, Nomen,

et vi- tæ seri-em geren-dæ Or- dine pro- mit.

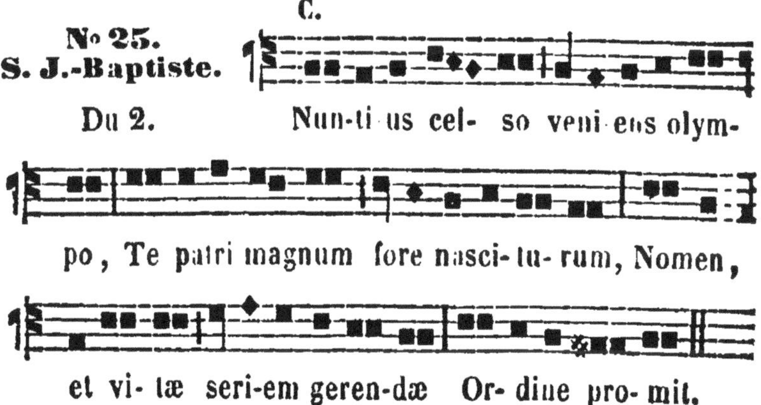

No 26.
N.-D. Auxiliatrice.
Du 6.
C.
Prisca sic Patrum monumen-
ta narrant, Templa testan- tur spoli- is opi- mis
Cla- ra, voti- va repe-ti-ta cul- tu Fes-ta quotannis.
No 27.
S. Pierre aux liens.
Du 6.
Coupe D.
Lento.
* Patri perenne sit per ævum
glori-a, Tibique laudes concinamus inclytas, Æterne
Nate; sit superne Spiritus, Honor tibi decusque; sancta
jugiter Laudetur omne Trinitas per sæculum.
No 28.
N.-D. des 7 Douleurs.
Du 2.
E.
Os su-ave mite pectus, Et
latus dulcissimum, Dexteramque vulneratam, et si-

nistram sauci-am Et rubras cruore plantas Ægra tingit
lacrymis.
E.
No 29.
Vendredi-Saint.
Du 1.
Crux fide- lis, inter omnes Ar-
bor u- na nobilis: Nulla silva ta- lem pro-fert
Fronde, flo- re, germine. Dulce lignum, dulces
cla-vos, dulce pon- dus sustinet.
F.
Lento.
No 30.
SS. Pierre et Paul.
Du 6.
* Mundi Magister, atque Cœli Ja-
nitor, Romæ parentes. Arbitrique genti-um, Per ensis
il- le, hic per crucis victor necem, Vitæ senatum lau-

re- ati possident.
F.
Lento.
No 31.
Conv. de S. Paul.
Du 5.
* Sit Trinitati sempiterna glori-a,
Honor, potestas atque jubi-la-ti-o, In uni-tate quæ gu-
bernat omni-a, Per universa æ-terni-tatis sæcula.
H.
Lento.
No 32.
Dédicace.
Du 6.
* O sorte nupta prospera, Dotata Patris glo-
ri- a, Respersa sponsi grati-a, Regina formosissima,
Christo jugata principi, Cœli corusca civitas!
I.
Lento.
No 33.
ADORO TE.
Du 5.
Visus, tactus, gustus, in te fallitur; Sed au-
ditu so- lo tuto creditur. Credo quidquid di-xit De- i

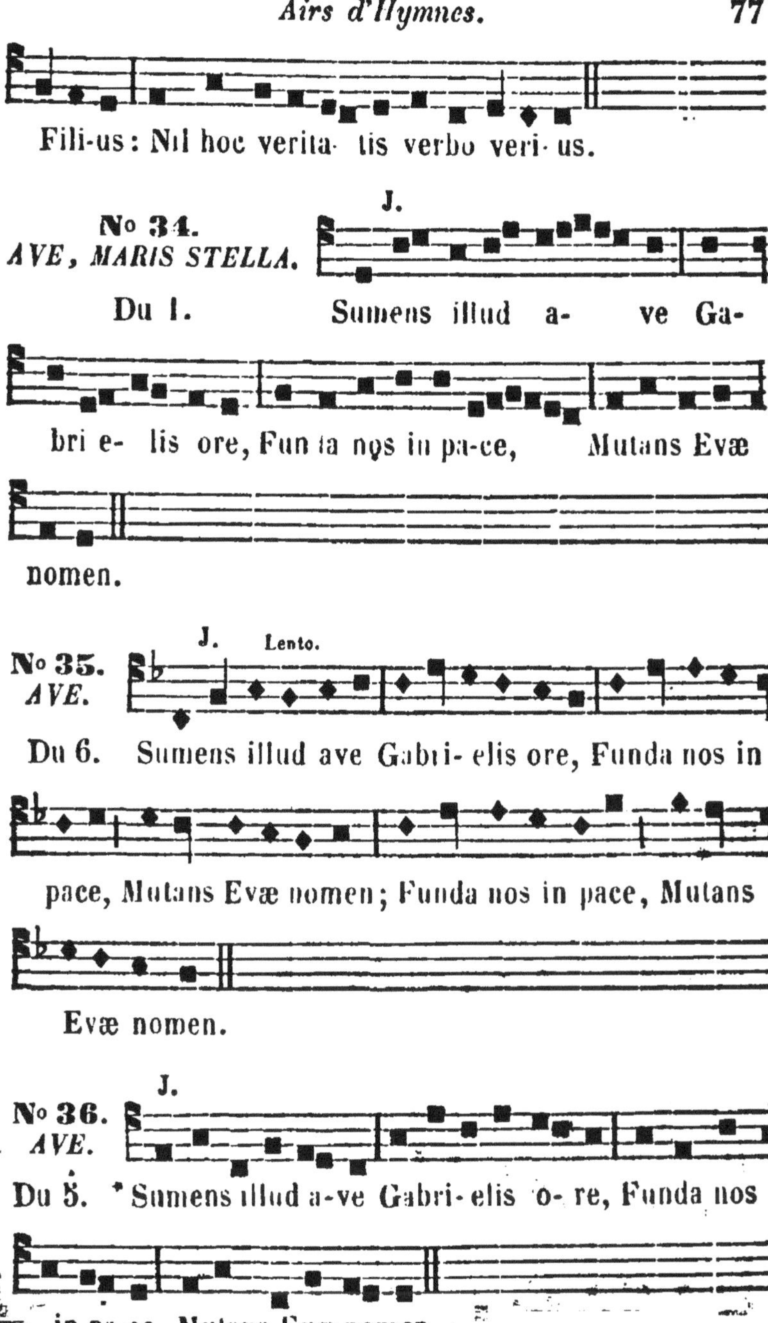
Fili-us: Nil hoc verita- tis verbo veri- us.
J.
No 34.
AVE, MARIS STELLA.
Du 1.
Sumens illud a- ve Ga-
bri e- lis ore, Fun da nos in pa-ce, Mutans Evæ
nomen.
J.
Lento.
No 35.
AVE.
Du 6.
Sumens illud ave Gabri- elis ore, Funda nos in
pace, Mutans Evæ nomen; Funda nos in pace, Mutans
Evæ nomen.
J.
No 36.
AVE.
Du 5.
Sumens illud a-ve Gabri- elis o- re, Funda nos
in pa-ce, Mutans Evæ nomen.

J.
N° 37.
AVE.
Du 2.
Sumens illud a- ve Gabri- elis o- re, Funda
nos in pace, Mutans Evæ nomen.
J.
N° 38.
AVE.
Du 2.
Sumens illud ave Gabri-elis ore, Funda nos
in pace, Mutans Evæ nomen.
K.
N° 39.
STABAT.
Du 6.
Cujus animam gementem, Contristatam et
dolentem, Pertransivit gladi-us.
N° 40.
GLORIA LAUS.
Du 2 en A.
Glo-ri-a, laus et ho- nor tibi sit, Rex
Christe Redemptor, cu-i pu- eri- le de- cus prompsit
Ho- san-na pi- um.

RÉPONSES AU *BENEDICAMUS DOMINO.*

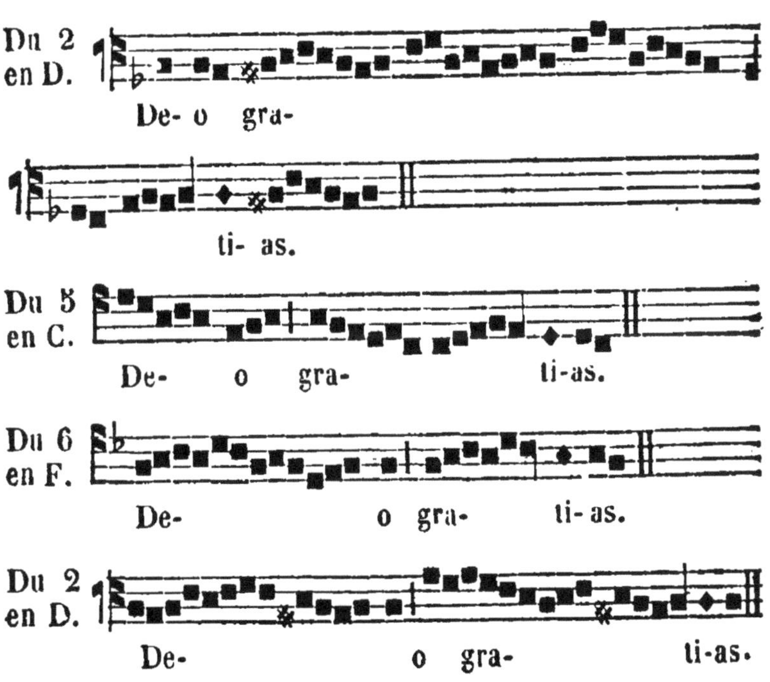

LES QUATRE ANTIENNES A LA B. VIERGE.

te- ri-us, Gabri-e- lis ab o- re, *Sumens*
il- lud A- ve, pecca- torum mi-se- rere.
Carême.
Du 6 en F
A- ve, *Regina Cœ-lo rum.* A-
ve, Domina An-ge-lo- rum. *Sal- ve, Ra-*
dix, salve, porta. Ex quâ mun- do lux est or- ta.
Gaude, Vir-go glori-o-sa, Su per om- nes spe-
ci-o- sa. *Va- le, ô val- de deco- ra,* Et
pro no- bis Christum ex- o- ra.
T. Pascal.
Du 6 en F
Regina Cœli, *læta- re,*
Al-le- lu-ia, Qui-a quem me-ru- is-ti por-

ta- re, al- le- lui- a, *Resur- re- xit*

sicut dixit, al- le- lu ia. O ra pro no- bis

De- um. *Al-le- lu- ia.*

T. ordinaire. Du 1 en D. Sal- ve, *Re- gi- na, ma-ter*

mi-se-ri-cor- di-æ; Vi- ta dul- ce- do, et

spes nostra, sal- ve. *Ad te cla-ma-*

mus ex- ules fi- li- i E- væ. Ad te suspi-

ra- mus gemen-tes et flen- tes, in hac la-

cryma- rum val- le. *E- ia ergo advo-ca- ta*

nos-tra, illos tu- os mi- se- ri- cor-

des o- cu-los ad nos con-ver- te.

Et Jesum bene- dic- tum fructum ventris tu-

i, no- bis post hoc ex- i- li- um os- ten-

de. *O cle- mens!* O pi- a!

O dul- cis Virgo Ma-ri- a!

SALVE.

Du 5 en C. Salve, Regi-na, *Mater mi- se-ri-cordiæ;*

Vi-ta dulcedo, et spes nostra, sal-ve. Ad te clamamus

exu- les fi-li- i E-væ; Ad te suspi- ramus gementes

et flentes, in hac lacrymarum val- le. *E- i- a ergo*

advo-cata nostra il-los tu-as miseri-cordes o-cu-los

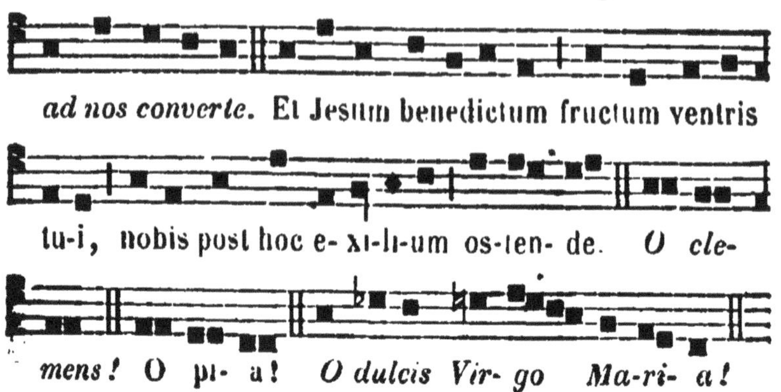

MOTETS POUR LES SALUTS.

xi- li-um. A- men.
No 3.
Du 6.
O sa- luta-ris hos- ti- a, Quæ Cœ-li pan-
dis os-ti-um ; Bella premunt hos-ti- li- a ; Da
ro- bur, fer au- xi- li-um. A- men.
No 4.
Du 6.
* *O salutaris hos ti-a*, Quæ Cœ-li pandis os-
ti-um, Bella premunt hosti- li- a ; Da ro-bur, fer au-
xi-li-um. A- men.
No 5.
Du 2.
O sa-lu- ta- ris hos-ti- a, Quæ Cœ-li pan-
dis os-ti- um ; Bel- la premunt hosti- li- a ; Da ro-
bur, fer au- xi- li- um. A- men.

No 6.
Du 6.
Lento.
* O sa-lu-ta-ris hos- ti- a! O sa-lu-ta-ris
hos- ti- a, Quæ Cœ-li pandis os- ti- um; Bella
premunt hos- ti- li- a; Da robur, fer au- xi- li-
um; Da robur, fer au- xi- li- um; Da robur, fer au-
xi- li- um. A- men.
AVE VERUM.
Du 6.
A- ve, verum Corpus na- tum de
Ma- ri- a Vir- gi-ne. Ve- rè passum, immo- la-
tum in cruce pro ho- mi-ne. Cu-jus la tus per-fo-
ra- tum flu- xit aqua cum san- gui-ne. Es-to no-
bis prægus-ta- tum mor- tis in e- xa- mine.

O Je-su dul- cis ! O Jesu pi- e ! O Je-su
Fi- li Ma- ri- æ, Tu no-bis mi-se-re-re.
RORATE. Du 1.
Rora-te, Cœli, desu per, et nubes plu-
ant jus-tum.
ADESTE Du 6.
A-deste fi- de- les, læ- ti tri-umphantes;
veni- te, ve- ni- te in Beth le-em : Na-tum vi de-te
Regem Ange- lo- rum. Ve-ni-te, ado-remus; Veni- te,
adoremus; ve- nite, ado re- mus Do-mi-num.
Le Chœur : Natum.
ATTENDE. Du 5.
Attende, Domine, et mise-re-re, qui-a
pecca-vimus ti- bi.

PARCE. Du 5.

Parce, Domine, parce popu-lo tu-o; ne in

æ-ternum i-rasca-ris nobis.

PARCE. Du 2.

Parce, Domine, parce, popu lo tu- o;

ne in æ ternum i-ras-ca-ris no-bis.

No 1. Litanies.

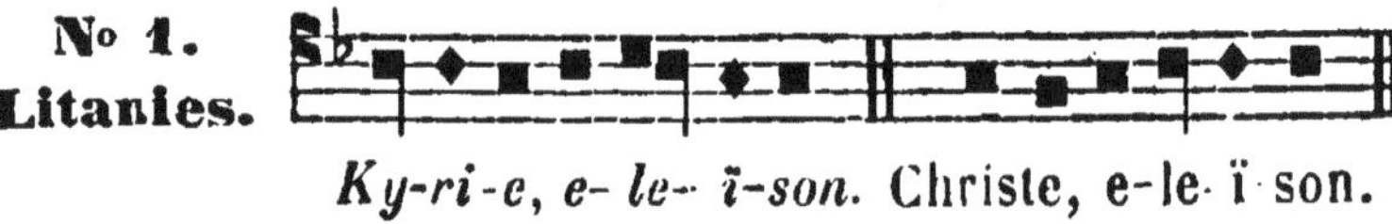

Ky-ri-e, e- le- ï-son. Christe, e-le-ï son.

No 2. Litanies.

Kyri e, e- le-ï-son. Chris-te, e-le-ï-son.

No 3. Litanies.

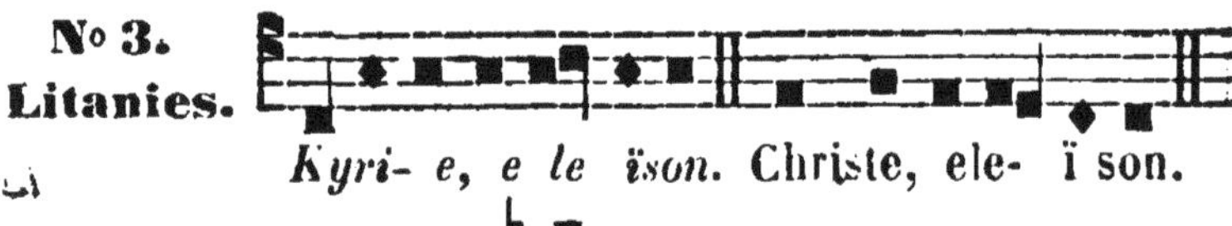

Kyri- e, e le ïson. Christe, ele- ï son.

No 4. Litanies.

Ky-ri-e, e-le- ï-son, Chris- te, e- le-

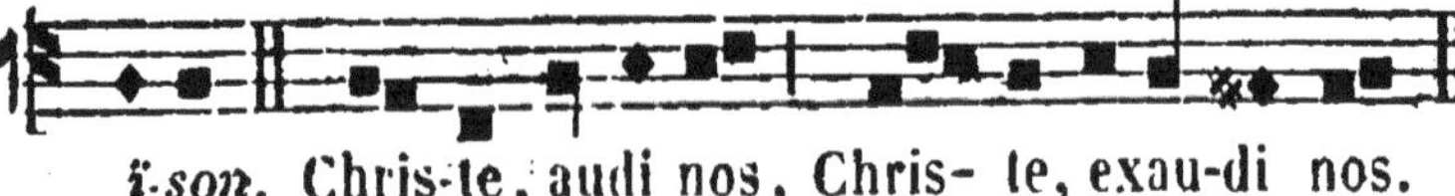

ï-son. Chris-te, audi nos, Chris- te, exau-di nos.

Inviolata.

Du 6. Invi-o-la-ta, *Integra et casta es, Ma-*

ri- a. Quæ es effecta fulgida Cœli porta. O Mater
alma Christi caris- sima! Suscipe pi-a laudum præ-
co- ni-a. Nostra ut pura pectora sint et corpora. Te
nunc flagitant devota corda et ora. Tu-a per precata
dulci-sona. Nobis concedas veni-am per sæcula.
Lento.
O benigna! O Regina! O Mari a! Quæ sola in-
vi- o-la-ta perman- sis- ti.
No 1.
SUB TUUM.
Sub tu-um præ- si-di-um confugimus,
Sancta De- i Ge- nitrix, Sancta De- i Ge-nitrix (bis).
Nostras deprecu- ti-ones ne despi-ci- as in necessi-

ta- li-bus nostris. Sub tuum. Sed à peri- cu-
lis cunctis libera nos semper, Virgo glori- o-sa
et benedic- ta. Sub tuum.
No 2.
SUB TUUM.
Sub tu-um præsi- di um Confugimus,
Sancta De-i ge- nitrix Nostras depreca- ti-o- nes
ne despici- as in neces- si- ta- tibus. Sed à pe-ri-
culis cunctis libera nos semper, Virgo glori-o-sa
et bene dic-ta!
No 1.
TANTUM.
Tantùm ergo sacramentum Ve-neremur cer-
Geni- tori, geni- toque, Laus et jubi- la-
nu-i, Et antiquum documentum Novo cedat ritu-i:
ti-o; Sa-lus, honor, virtusquoque Sit et benedicti-o:

Presiet fides supplementum Sensuum defectu-i.
Pro-cedenti ab utroque Compar sit laudati-o. A- men.
No 2.
TANTUM.
Tantum ergo sa- cramentum Veneremur
cer- nu-i, Et antiquum do- cumentum Novo cedat
ri- tu-i: Præstet fides sup- plementum Sen- su-um
defec- tu-i. Genitori. A- men, a- men.
No 3.
TANTUM.
Tantum ergo Sacramentum Veneremur cernu-i,
Et antiquum documentum Novo cedat ri- tu-i: Præstet
fides supplementum Sensuum de- fectu-i. A- men.
No 4.
TANTUM.
Tantum ergo Sacramentum Veneremur cernu-i,
Et antiquum documentum Novo cedat ri- tu-i: Præstet

fides supplementum Sensuum defec-tu-i. A- men.
Lento.
No 5.
TANTUM.
Tantum ergo Sa-cra-mentum Veneremur
cer-nu-i ; Et an-tiquum do cu-mentum No vo ce-dat
ri- tu i : Præstet fi des supple-mentum Sensu um
de- fec-tu i. A- men.
Lento.
No 6.
TANTUM.
Tantum ergo Sacramentum , Ve ne-remur
cernu- i : Et an-tiquum documentum Novo ce dat ri-
tu- i : Præstet fi des supplementum , Sensu um de
fec-tu- i. A- men.
ADOREMUS.
Du 6.
Ado-re-mus in æ ter- num sanctis-

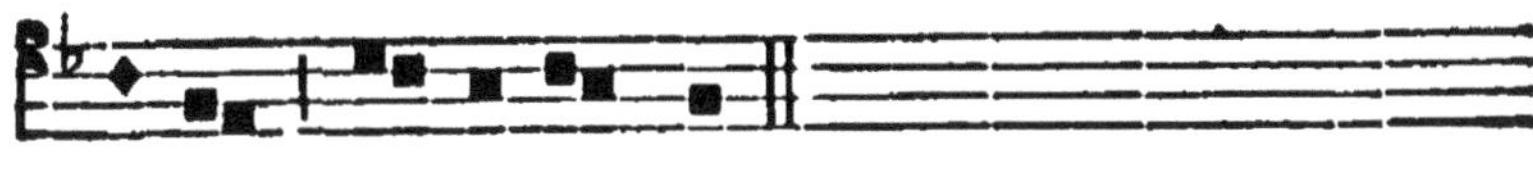

AIRS DES PSAUMES.

Dans un air de psaume, on distingue l'*intonation*, la 1re *teneur*, la *médiation*, la 2e *teneur* et la *terminaison*. L'intonation ne se fait qu'au 1er verset du psaume.

(*Dans certains diocèses, on fait la médiation du* 1er *mode comme il est indiqué ci-après aux numéros* 16 *et* 17.)

N° 5.
1 irrég. Lauda te Dominum, omnes gentes; lauda-te
e-um, omnes popu- li.
N° 5 *bis.*
1 D Lauda- te Domi-
num, omnes gentes; laudate eum, omnes populi.
N° 6.
2 D Laudate Dominum, omnes gentes; lauda-te
e- um, omnes popu-li.
N° 7.
2 irrég. Lauda te Domi-
num, omnes gentes; lauda-te e-um, omnes popu-li.
N° 8.
3 d Laudate Dominum, omnes gentes; laudate e-
um, omnes po- pu- li.
N° 9.
3 c Lauda-te Do-minum, omnes gentes; lauda te
e-um, omnes po-pu- li.

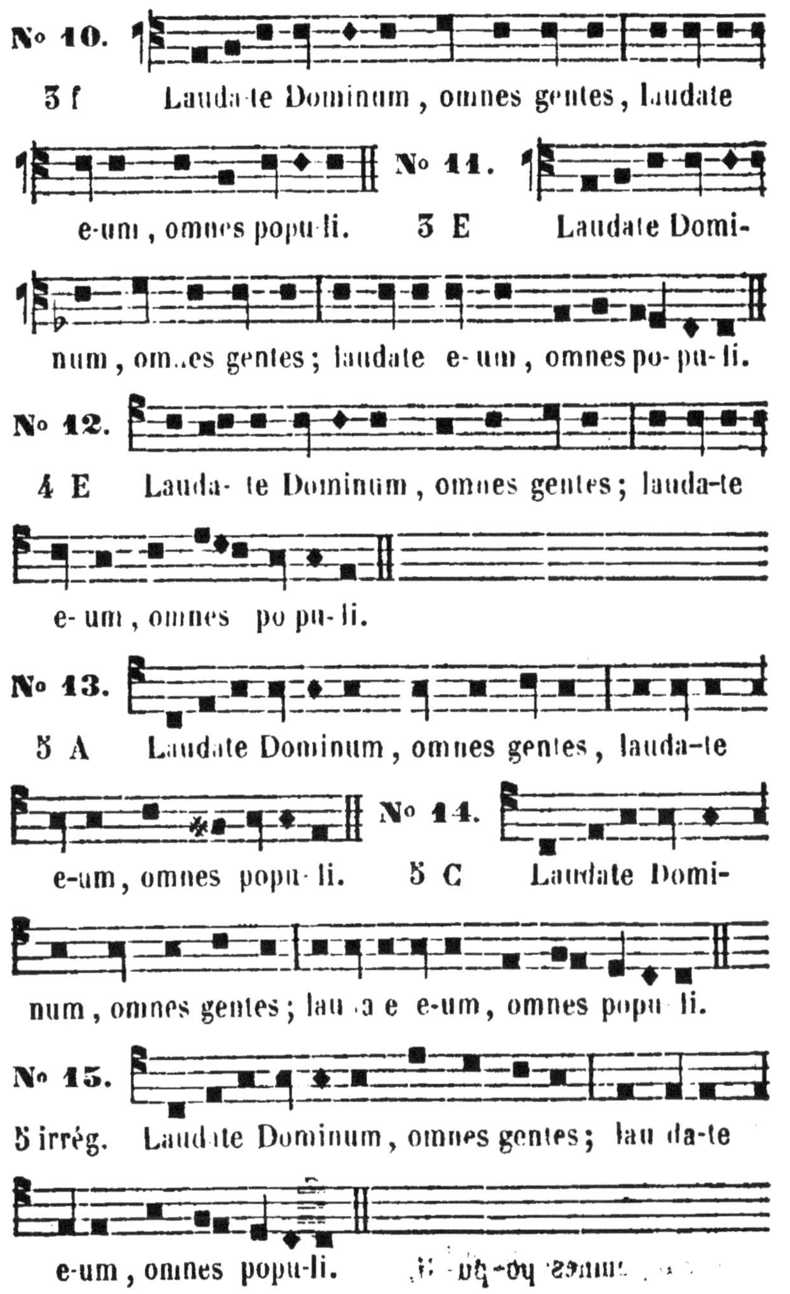
N° 10.
3 f
Lauda-te Dominum, omnes gentes, laudate
e-um, omnes popu-li.
N° 11.
3 E
Laudate Domi-
num, om..es gentes; laudate e-um, omnes po-pu-li.
N° 12.
4 E
Lauda- te Dominum, omnes gentes; lauda-te
e- um, omnes po pu- li.
N° 13.
5 A
Laudate Dominum, omnes gentes, lauda-te
e-um, omnes popu- li.
N° 14.
5 C
Laudate Domi-
num, omnes gentes; lau .a e e-um, omnes popu li.
N° 15.
5 irrég.
Laudate Dominum, omnes gentes; lau da-te
e-um, omnes popu-li.

N° 16.
6 F
Lauda- te Dominum, omnes gentes; lauda-te
e-um, omnes popu-li.
N° 17.
6 F
Lauda- te Domi-
num, omnes gentes; lauda-te e-um omnes popu-li.
N° 18.
6 Royal.
Lauda te Dominum, omnes gentes; lauda-
te e-um, omnes popu li.
N° 19.
6 irrég.
Lauda- te Do minum, omnes gen-tes, lau-
da-te e-um, omnes po-pu- li.
N° 20.
7 d
Lau da- te Dominum, omnes gentes; lauda-
te e-um, omnes po-pu li.
N° 21.
7 c
Lau- da-te Dominum, omnes gentes; lauda-

te e-um, omnes po pu- li.
No 22.
7 d
Lau- da- te Dominum, omnes gentes; lauda-
te e-um, omnes popu- li.
No 23.
7 G
Lauda- te Dominum, omnes gentes; lauda-te
e-um, omnes po- pu- li.
No 24.
8 G
Lauda te Dominum, omnes gentes; laudate
e-um, omnes popu-li.
No 25.
8 c
Lauda-te Domi-
num, omnes gentes; lauda-te e-um, omnes popu-li.

FIN.

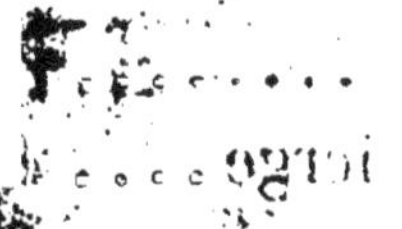

TABLE.

Clermont, typ. Ferd. Thibaud.

CALENDRIER liturgique, ou Ordo Romain-Clermontois, à l'usage des fidèles du diocèse de Clermont, pour l'an de grâce 1866, approuvé par Mgr Féron, évêque de Clermont; in-18, piqué rogné................ » 30

CATÉCHISME du diocèse de Clermont; 1 vol. in-18.

Reliure basane...................... » 60

EUCOLOGE romain, contenant l'office des dimanches et fêtes et de l'Immaculée Conception, le Chemin de la Croix et un grand nombre de prières pour la confession, la communion, et généralement pour tous les besoins de la vie; l'indication de toutes les indulgences qu'on peut gagner, des neuvaines, le Rosaire, l'oraison mentale, etc.; gros volume in-18 de 880 pages, imprimé sur caractère neuf.

Ce livre, un des plus complets en ce genre, est approuvé et vivement recommandé par MMgrs l'archevêque d'Avignon et les evêques de Clermont, de Perpignan et de Moulins.

Reliure basane avec titre.............. 1 10
Reliure gaufrée...................... 1 25
Basane gaufrée, tranche dorée, 1 grav... 1 75
Mouton chagriné, tranche dorée......... 2 25
Maroquin chagrin, titre orné, tranche dorée 3 50

— Le même avec titre *Paroissien romain latin.*

— Le même ouvrage, aussi complet, sous le titre *Paroissien romain* ou *Eucologe romain*, jolie édition in-32 sur papier raisin, de 928 pages, caractères neufs.

Reliure basane avec titre.............. 1 10
Reliure gaufrée...................... 1 25
Mouton chagriné, tranche dorée........ 1 75
Maroquin chagrin, tranche dorée....... 2 75

— Le même ouvrage, aussi complet, également sous le titre *Paroissien romain* ou *Eucologe romain*; très-belle édition de luxe, de 928 pages in-32, imprimée en caractères neufs, avec encadrement en couleur sur papier Jésus glacé, titre orné, 3 belles gravures spéciales à cet ouvrage.

Mouton chagriné, tranche dorée........ 5 »
Maroquin chagrin, tranche dorée (étui).... 7 »

FORMULAIRE (Nouveau) de Prières; et Instructions chrétiennes (**rite romain**), à l'usage des communautés religieuses et des maisons d'éducation, contenant la Messe et les Vêpres, l'office de la sainte Vierge, de l'Immaculée Conception et des Morts: le Chemin de la Croix, et un grand nombre de Prières auxquelles sont attachées des indulgences; la Préparation aux sacrements de Pénitence et d'Eucharistie, des Neuvaines, le Rosaire, l'Oraison mentale, le Mois de Marie, etc., avec approbations de MM[grs] les évêques de Clermont et de Perpignan; gros volume in-18 de 740 pages, avec 3 belles grav. spéc. à l'ouvrage.

Reliure basane avec titre...............	1 25
Reliure gaufrée........................	1 50
Mouton chagriné, tranche dorée..........	2 25
Maroquin chagrin, tranche dorée........	3 50

— Le même avec le titre *Recueil de Prières et Instructions chrétiennes.*

FORMULAIRE de prières (suivant le rite romain), à l'usage des élèves des religieuses Ursulines et des personnes du sexe, édition la plus complète jusqu'à ce jour, augmentée de la vie de sainte Angèle, d'un bon choix de prières nouvelles, de neuvaines a la sainte Vierge et à sainte Philomène, du chemin de la Croix, et d'une neuvaine au saint et immaculé Cœur de Marie (cette dernière neuvaine, approuvée par l'autorité épiscopale, est une propriété), gros volume in-12.

Reliure basane avec titre...............	1 10
Reliure gaufrée.........................	1 50
Reliure gaufrée, tranc. dorée, 1 gravure...	1 75
Mouton chagriné, tranche dorée..........	2 50

FORMULAIRE de prières (suivant le rite romain), aussi complet, avec les mêmes additions, in-18, nouv. édit.

Reliure basane avec titre...............	1 »
Reliure gaufrée........................	1 25
Reliure gauf. tranc. dorée, 1 gravure.....	1 60
Mouton chagriné, tranche dorée, 2 grav..	2 50

Nous avons cet ouvrage sous le titre *Instructions chrétiennes,* mêmes formats, mêmes prix.

INSTRUCTIONS et prières chétiennes, suivant le rite romain, à l'usage des religieuses U sulines et des personnes du sexe, belle édition en *gros caractères*, augmentée de la vie et de la canonisation de Ste Angèle, d'un bon choix de prières nouvelles, du Chemin de la Croix, et d'une Neuvaine au saint et immaculée Cœur de Marie, pour la conversion des pécheurs, à l'usage des membres de l'archiconfrérie; gros volume in-12de 620 pages.

Reliure basane avec titre............... 1 50
Reliure gaufrée....................... 1 75
Reliure gaufrée, tranc. dorée, 1 gravure.. 2 25
Mouton chagriné, tranche dorée......... 3 »

— Le même avec le titre *Formulaire de prières*, suivant le rite romain.

NOTIONS et exercices de Plainchant ou chant ecclésiastique romain à l'usage de tous les diocèses, in-18, broché................................ » 75

OFFICES complets notés conformes au missel et bréviaire romains, 2 volumes in-12 avec le propre du diocèse.

Reliure de Clermont, en basane racine, tr. jasp. 12 »

PAROISSIEN latin et français, suivant le rite romain, contenant l'Office des dimanches et fêtes de l'année, les Psaumes de la Pénitence, le Chemin de la Croix, les prières pour les agonisants, etc.; jolie édition in-32, en *gros caractères*, sur papier raisin.

Reliure gaufrée........................ » 75
Basane gaufrée, tranche dorée, 1 grav... 1 »
Mouton chagriné, tranche dorée, 2 grav.. 1 25
Maroquin chagrin, 4 grav............... 2 25

PAROISSIEN romain, noté en entier; in-18 (*sous presse*).

PAROISSIEN romain complet, gros caractères, 2 volumes; in-18 ensemble 2000 pages. (Edition Le Clère.)

Reliure gaufrée..... .... 5 50
Reliure gaufrée, tranche dorée.......... 7 »
Mouton chagriné, tranche dorée......... 9 »
Maroquin chagrin, tranche dorée....... 12 »

PAROISSIEN romain complet, in-32 raisin, de plus de 1000 pages. (Edition Le Clère).

Reliure basane avec titre...............	1 25
Reliure gaufrée.........................	1 35
Reliure gaufrée, tranche dorée, 1 grav...	1 75
Mouton chagriné, tranche dorée.........	2 25
Maroquin chagrin, tranche dorée.......	3 25

PAROISSIEN romain très-complet; 1 vol. in-18 de plus de 1000 pages. (Edition Le Clère.)

Reliure basane avec titre..............	1 50
Reliure gaufrée.........................	1 60
Reliure gaufrée, tranche dorée..........	2 10
Mouton chagriné, tranche dorée.........	2 50
Maroquin chagrin, tranche dorée........	3 50

PAROISSIEN romain très-complet (tout latin); 1 volume in-32 raisin de 860 pages. (Edition Le Clère.)

Reliure basane avec titre...............	1 25
Reliure gaufrée.........................	1 35
Reliure gaufrée, tranche dorée...........	1 75
Mouton chagriné, tranche dorée.........	2 "
Maroquin chagrin, tranche dorée.........	3 "

PETIT PAROISSIEN, *latin français, suivant le rite romain*, contenant l'office des dimanches et fêtes; vol. in-32.

Reliure basane avec titre...............	" 30
Reliure gaufrée.........................	" 50
Reliure gaufrée, tranche dorée...........	" 60

— Le même avec titre *Journée du chrétien.*

QUINZAINE de Pâques (Office de la), à l'usage de Rome, suivant le Bréviaire et le Missel romains, en latin et en français; édition de luxe, la plus complète qui existe, et imprimée en beaux caractères, sur papier vélin; 1 vol. grand in-18.

Reliure anglaise........................	3 "
Maroquin chagrin........................	6 "

— *Le même*, avec 3 gravures, 50 c. en plus.

SEMAINE Sainte (Office de la), à l'usage de Rome, nouvelle édition avec l'Ordinaire de la Messe, in-32 raisin.

Reliure anglaise	1 50
Maroquin chagrin	3 »

Clermont, typ. Ferd. Thibaud.

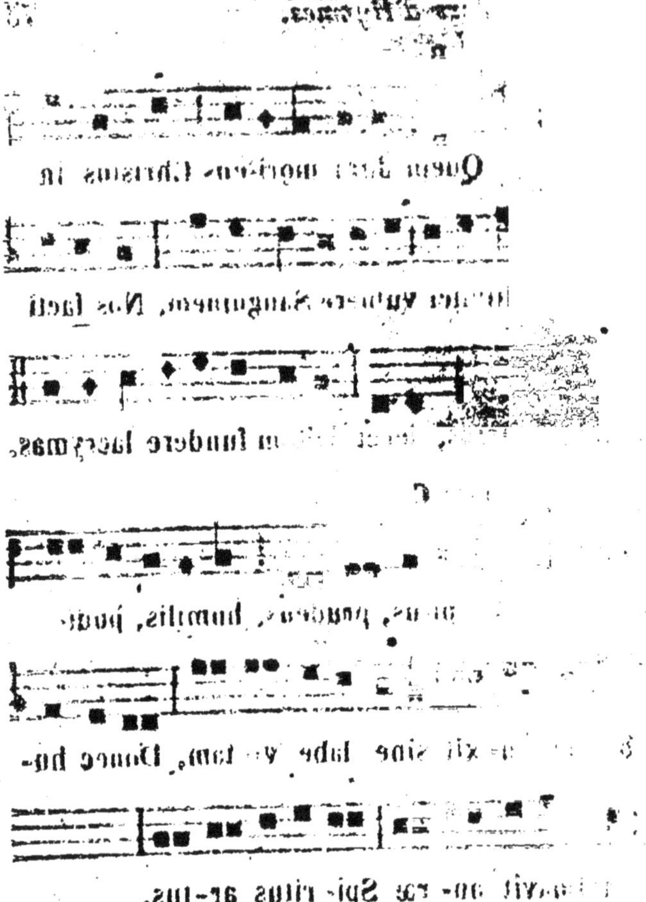

EXTRAIT DU CATALOGUE GÉNÉRAL

DE LA

LIBRAIRIE FERDINAND THIBAUD

Rue St-Genès, 8-10, à CLERMONT-F^{d}.

HISTOIRE de Notre-Dame du Port, depuis ses origines jusqu'à nos jours, d'après des documents originaux et la plupart inédits, par M. l'abbé L.-A. Chaix, curé de Saint-Germain-Lembron, membre titulaire de l'Académie de Clermont; 1 vol. in-12 de 352 pages avec gravures 1 75

AUVERGNE (l') au moyen-âge, ses monastères, par M. Dominique BRANCHE. 1 beau volume in-8°, broché, avec un atlas in-4°, composé de 20 magnifiques planches, gravées sur acier, par M. E. T....... 10 »

Le volume se vend séparément........ 2 50

CUSTODERIE d'Auvergne, narration historique et topographique des couvents de l'ordre de Saint-François, et monastère de Sainte-Claire, etc., par le R. P. Jacques FORÉRÉ, 1 vol. grand in-8°, br.. 2 50

DESCRIPTION archéologique et historique de la Cathédrale de Clermont, par P. D. L., in-12, grav. 1 50

NOTES sur quelques églises d'Auvergne, in-8°, par M. E. THIBAUD........................ 1 »

VIE de Mgr Flaget, évêque de Bardstown et de Louis-Ville; 1 volume, grand in-12, portrait..... 1 25

VIE (la) des Saincts et Sainctes d'Auvergne et du Velay, par messire Jacques Branche, religieux, prieur mage du couvent de Notre-Dame de Pébrac, de l'ordre de Saint-Augustin ; nouvelle édition, précédée d'un aperçu historique sur l'abbaye de Pébrac, la vie et les écrits de J. Branche, et augmentée des vies de saint Verny et de sainte Marcelle, par M. l'abbé Marmeisse; 2 forts volumes format Chapentier, brochés, papier ordinaire . . . . 8 »

Papier fin. . . . . 10 »
Quelques exemplaires d'amateurs sur papier fort satiné. . . . . 18 »

www.ingramcontent.com/pod-product-compliance
Ingram Content Group UK Ltd.
Pitfield, Milton Keynes, MK11 3LW, UK
UKHW021547260726
13993UKWH00002B/693